わくわく！ 納得！
手話トーク

松岡和美

マンガ＝高野乃子

くろしお出版

この本を手にとってくださったみなさんへ

◎これはどんな本なの？

気軽に手話について知ることができる本です。

8つのトピックについて、マンガ・解説・コラムの3つで説明しています。

ロン君が龍の姿をしているのには理由があります。

「聾（ろう）」という漢字の一部に「龍」が入っていますね。

空想の動物と言われている「龍」は耳がないと言われています。

それでろう者の集まりなどで「龍」がシンボルとして使われることがよくあります。

ロン君の友だち、ミミちゃんは、手話に興味がある聞

登場人物

ろう者の世界と聴者の世界を行き来する龍。趣味は家庭菜園でにんじんが好き。

手話を習いはじめたばかり。ロンくんから手話とろうの世界のことを学んでいる。

こえる女の子です。

不思議に思うことを友達のロン君にどんどん尋ねて、いろいろな発見をしていきます。

もっと詳しく手話のことを知りたい読者の皆さんのために、おすすめ本やウェブサイトの紹介が巻末にあります。

◎難しい用語は出てこない？

専門的な用語はなるべく少なくしましたが、あまり馴染みがない用語が時々出てくるかもしれません。

よく出てくるものを、ここで簡単に紹介しておきます。


「**ろう者**」とは、一般的に聞こえない人をさすことばです。

日本手話を使うろう者には日本手話ということばと、ろう文化があります。

日本に住んでいても、中国やブラジルなどの外国出身の人たちは、日本語とは違うことばと文化を持っていますよね。

それと同じように、日本手話も、日本で使われてはいますが、日本語とは違うことばです。

そして、ろう者にはコミュニティで受け継がれてきた、独自の文化（**ろう文化**）があります。

「**聴者**」とは、聞こえる人のことです。

子どもさんには「ろう児」「聴児」、親御さんには「ろう親」「聴親」という呼び方があります。

「**ネイティブサイナー**（**ネイティブろう者**）」とは、日本手話を使うろう者の両親のもとに生まれて、赤ちゃんのときから日本手話で育ったろう者のことです。（音声を使うことばで育った人の場合は「ネイティブスピーカー」と言いますね。）

ろう社会（ろうコミュニティ）のネイティブサイナーの結びつきはとても強く、日本手話が共通語になっている講演会・ろう文化や歴史の勉強会・交流イベントなどがたくさん開かれています。

ろうの子どもたちの育ちについて知っておきたい重要ポイントは、身につけやすいことばが親と子で違っている場合が多いことです。

親も子もろう者の家族（デフファミリー）は、どこの国でもとても少ないと言われています（ろう者の10％程度と言われています）。

ろうの両親のもとに聴の子どもが生まれることや、聴の両親のもとにろうの子どもが生まれることの方がずっと多いのです。

親御さんの聞こえに関係なく、**日本手話は「目で見る子ども」に一番フィットする「目で見ることば」です。**

手にとっていただいた皆さんに「手話」のことを楽しく学んでいただけたら素敵だなと思ってこの本をつくりました。

ミミちゃんと一緒に新しい気づきを感じていただければと思います。

◎どんな人が作った本？

言語発達と手話研究を専門とする研究者（聴者）が書きました。

マンガを担当した高野乃子(たかののこ)さんは、ろう者が家族にいる聴者です。

それぞれの形で手話ということばに思いがけず出会った私達が、その不思議さと面白さを、読者の皆さんと分かち合えればと思います。

日本手話のネイティブサイナーのろう者と、手話のことを初めて知る聴者の皆さんにも、内容チェックのご協力をいただきました。

目次

第2部　ろうコミュニティと手話

第1部

手話のしくみ

SHUWA TALK!

その1

「本当の手話」ってどれ？

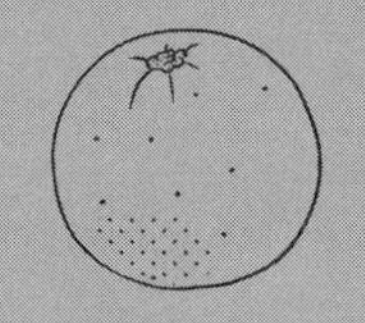

聴こえるとか
聴こえないとか
じゃない
一緒にいたいの

がしっ

……
チャララ〜♪

ロンくん
ん?
どうしてドラマの手話はセリフと手の動きが合うの?

それは日本語対応手話だからだよ
ミミちゃんが習っているのは日本手話
このふたつは違うんだ

どっちも手話なのに?
日本手話
日本語対応手話
※以後、対応手話

対応手話はね
もぐ…
日本語を話しながら手話の単語をつけるんだ
例えば「カフェへ通っています」と伝えるとき
cafe
手話のない部分は声や口の形で表して
それできちんとした日本語の文になるんだよ
声や口の形…？
手の動きは「カフェ」「通う」「いる」の、3つ
カフェ
通う
いる
同時に声や口の形で「カフェへ通っています」と言って、相手に伝えるんだ
「カフェへ通っています」

なるほどー
日本語を使う人にはわかりやすそう

ろうコミュニティ
それと違って日本手話は
ろう者のコミュニティで使われていることばなんだ

日本語と外国語が違うように
日本語と日本手話も違うことばだよ

「カフェへ通っています」も手の動きを繰り返して通っていることを表したり
同じ場所に何度も動かすか
違う場所に動かすかで

ひとつのカフェにずっと通っているのか
ひとつのカフェへ
いろいろなカフェに通っているのか
いろいろなカフェへ

一目でわかるんだ
「同じカフェにずっと通っています」って日本語だと文が長くなっちゃうね

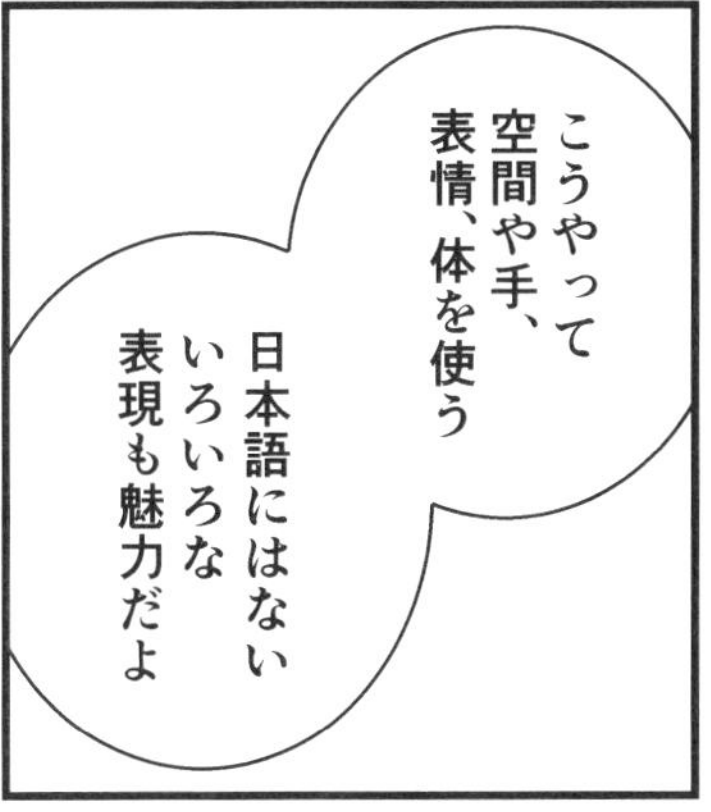
こうやって空間や手、表情、体を使う
日本語にはないいろいろな表現も魅力だよ

対応手話は私たち聴こえる人にもわかりやすくて
日本手話は目で見る人に合っていることばなんだね

「手話」と文字で書いてあると「手で話す」という意味のように見えますね。

では、手が動いていればそれはみんな「手話」なのでしょうか？


答えは「どちらともいえない」です。

手を動かすことで情報をやりとりする方法は、一つではないからです。


日本で「手話」と呼ばれているものには「**日本手話**」「**日本語対応手話**（**手指つき日本語**）」の2つがあります。

また、日本手話と日本語対応手話の性質が混ざり合った「混成手話」もあります。

この3つについて、もう少し詳しく説明します。

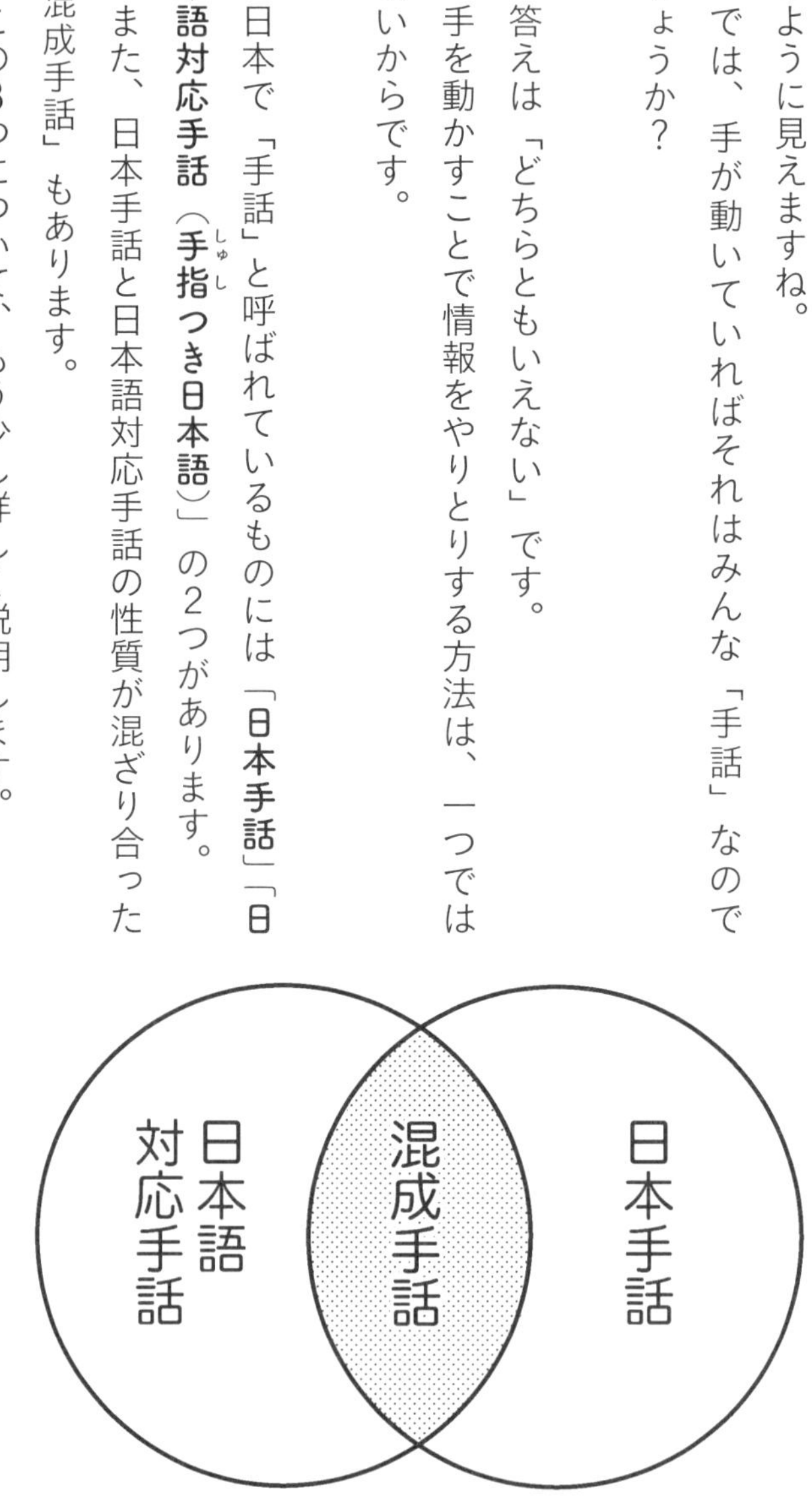

日本手話

日本で、ろうの両親のもとに生まれた（または早い時期にろうコミュニティと接点を持つことができた）ろう児が自然に身につける言語です。

次のような特徴があります。

- **顔や頭の動き（NM表現）に文法（ルール）がある**
- **空間の使い方に文法（ルール）がある**
- **新しい表現は、ろうコミュニティで自然に生まれる**

日本手話は、「**ろう文化（ろう者の生活文化）**」と深く結びついています。

手話単語には、実際の使い方やニュアンスが日本語の訳とはかなり違うものがたくさんあります。

よく例にあげられる/クビ/という表現を見てみましょう。

日本語で「クビになる」といえば「解雇される」という意味になりますが、日本手話の/クビ/は普段の生活でよく使われる表現です。

日本語の「ダメじゃん」に近いです。

財布を忘れてコンビニへ出かけてしまい、苦笑しながら「あ〜財布忘れちゃった〜。私ってダメじゃん（笑）」というような場面で使います。

/私　クビ/（あ〜私ダメだ〜）

＊　＊　＊　＊　＊

手話クラスでろう講師が、遅刻が多い生徒に「ダメじゃない」というニュアンスで、こんなふうに言うことがあります。

＼あなた　クビ／

それを聞いた生徒が「手話教室をクビ!?　ってことは落第？　もう来てはダメなの？」と落ち込んでしまって先生がびっくりしたという異文化ストーリーは「手話教室あるある」です。

こんなことがよくあるので、普段の生活で日本語を使っている人は、**文化が異なる外国の言葉を身につけるつもりで**手話を学んでみましょう。

いろんな発見があると思いますよ！

日本手話と日本語の違いをよくわかっているろう講師なら、優しくフォローしてくださいますので、安心してください。

日本語対応手話（手指つき日本語）

すでに日本語を身につけている人には使いやすい方法です。

次のような特徴があります。

●日本語の語順のとおりに口を動かしながら、日本語にできるだけ手話表現をあてはめる
（声を付ける場合も付けない場合もあります）
●聴者が使うものと同じジェスチャーがたくさんある
●日本語にあって日本手話にない表現は、人工的に作られる

対応手話の文法は日本語と同じで、「てにをは」などの文法的な表現や日本語どおりの発音を口の動きから読み取ることが多いです。

日本語対応手話は、聞こえない・聞こえにくい人のために日本語を「できるだけ見えるようにする」手段の一つです。

声を出しながらでも使えるので、聴者だけでなく、軽度難聴者・中途失聴者の方も始めやすく、よく使われます。

混成手話

日本手話と日本語対応手話の２つが混じりあった手話コミュニケーション法です。

混じり方は人によって違っていて、日本手話寄りだったり、日本語寄りだったりします。

同じ人が、話す相手や状況に応じて手話を使い分ける場合もあります。

例えば、日本手話のネイティブろう者であっても、日本手話を知らない聴者や難聴者とコミュニケーションをとるときには、混成手話を使うことがあります。

ここで説明したもの全部がどれも「手話」です。
「本当の」手話もなければ、「うその」手話もありません。
使う人が違う「手話」、タイプが違う「手話」があるのです。

そのどれか一つを選んで、他を無視してよいということはありません。


ちょっと考えてみてください。

世界中の人に「日本語は使っている人が少ないからやめよう。英語に統一しよう」と言われたら、日本語を使っている人はびっくりしてしまいますよね。

「そんなの他の人が勝手に決めるのはおかしい」と思いませんか？

そのとおりです。おかしいです。


そして、全然違う言語をごちゃまぜにして解決しようとすることもおかしいです。

もし「日本語を使う人がわかるように、英語も日本語の表現で表そう」とすれば、日本語を使う人にも英語を使う人にもわからない、妙な表現ができてしまいます。

どんなふうに？　こんなふうにです。

John talked the man into not coming.
ジョン　イッタ　ソノ　オトコ　ナカニ　ナイ　クル

これは
わかりにくい！

この不思議な「英語対応日本語」では、日本語を使う人とはうまくコミュニケーションがとれないですね。

（自然な日本語訳は「ジョンはその男性が来ないように説得した」となります。）

それぞれの人が大切にしている言語と文化は、一つ一つが「本物」です。

世界には何千もの言語があります。

みんな同じでなくても、一つ一つの言語の違いをあるがままに認めることから、互いを尊重する豊かな人のつながりが生まれます。

ことばや文化が違っていても仲良く付き合い、力を合わせることはできます。

違いがあるから新しい発見があり、それが楽しいから私達は旅行に出かけたり、いろいろな土地の人との交流を楽しむわけですよね。

「なんだかしっくりこない」「わかりにくい」と感じた人が黙って我慢するのではなく、どういう方法で解決できるか、みんなで話し合える場を作っていきましょう。

手話の学習法

手話に興味を持った聴者の中には「手話には種類があるみたいだけど…どっちを勉強したらいいの?」と疑問を持ってしまう人も多いようですね。

習える場所や使う人の数が多い日本語対応手話の方がよいという意見もありますが、本当にそうなんでしょうか?

手話通訳士の資格取得や、手話通訳者として活躍するためには、日本手話だけでなく日本語対応手話も使えるようになる必要があります。

でも、日本手話を使うろう者は、日本語対応手話はわかりにくいと言います。

どうすればいいのでしょうか?

答えは簡単です。両方使えるようになればよいのです。

初心者の方は、まず日本手話から学んでみましょう。
手を動かし始めたら自動的に頭の中が「日本語モード」から「手話モード」に切り替わる感覚を意識しましょう。

日本手話が少し使えるようになったら、手話単語を日本語に合わせて選んで、口を動かしながら表せば、日本語対応手話を無理なく使うことができます。

では、その逆の順番ではダメなんでしょうか？
ダメではありませんが、少し道が険しくなります。
先に日本語対応手話を覚えてしまうと、手を動かすときも頭の中は日本語のままですので、後から

日本手話を身につけるのが何倍も大変になってしまいます。

日本手話には、NM表現やCL表現など、日本語にはない文法がいろいろあります。

そして、ろうコミュニティには、聴者が知らない「ろう文化」があります。

つまり、**聴者が日本手話を学ぶということは、外国語を学ぶのと同じことになる**わけですね。

できる限り、日本手話を第一言語として使っているろう者の先生に習うのが一番良い方法です。

もし身近にそういう場所がない人は、インターネットやテレビで日本手話を勉強する方法もあります。

巻末で紹介した「おすすめウェブサイト」でも情報を集めてみてください。

SHUWA TALK!

その2

手話をやると表情豊かになる?

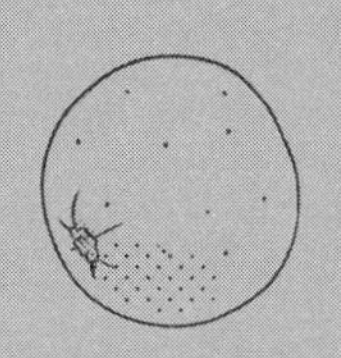

……

………
…

だめだー
ロンくん
できない
ばっ
変な顔に
なっている
気がする！

ろう者の
手話って
表情がすごく
豊かでしょ
同じように
やりたいけど
照れちゃって…
NM表現の
ことかな？

NM表現？

非手指表現という意味で

エヌエム
NM表現

ノンマニュアル
Non-Manual
（非手指）

ふむふむ

手や指以外の体の部分を使う表現のことだよ

NM表現では顔のいろいろな場所や

頭や肩を動かすんだ

眉……上げ、寄せ

目……見開き、細め、視線

あご…動き

口……口型

ほお…舌出し、動き

頭……うなずき、動き

肩……広げ、すぼめ、動き

へえー
それは何のためにあるの？
いろいろあるけど文法もそのひとつだね
NM表現と手の動きでちゃんとした手話の文ができるんだ

例えば「塩なの?」と聞く場合や
塩?
「塩はどこ?」と聞く場合の表現
あれ?
塩どこ?

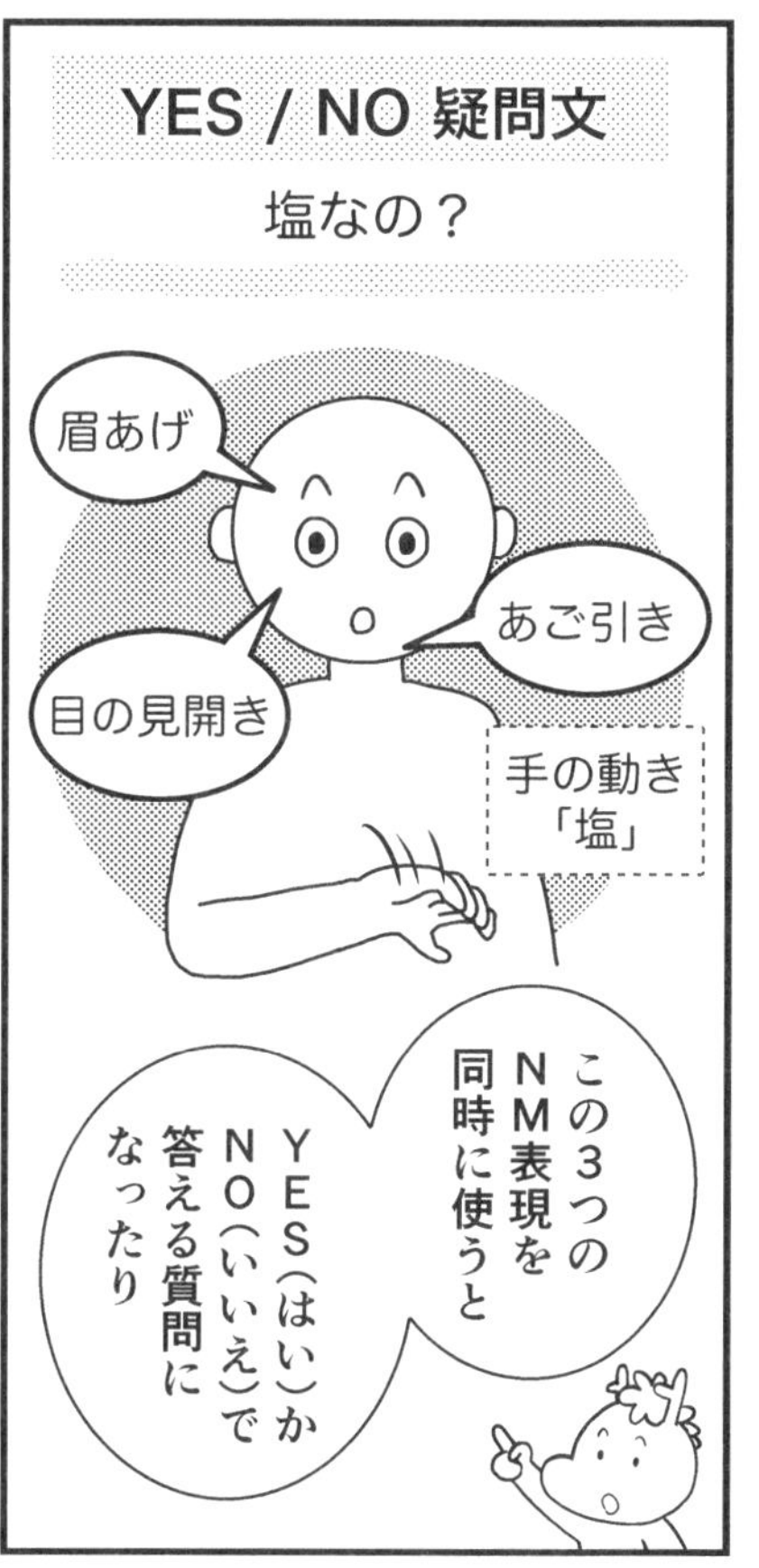
YES / NO 疑問文
塩なの?
眉あげ
あご引き
目の見開き
手の動き「塩」
この3つのNM表現を同時に使うと
YES(はい)かNO(いいえ)で答える質問になったり

WH 疑問文
塩はどこ?
眉あげ
細かい横の首ふり
目の見開き
手の動き「塩」
この3つのNM表現で「どこ?」という質問も作れて
答え方も具体的になるんだ

手の動きは両方とも「塩」だけで同じなのに
顔や頭がどう動くかで質問が変わるんだ！

そうなんだ
ろう者の手話は手だけで表すものじゃないんだよ

でね、この「首ふり」って手話を勉強中の人には難しいんだって
へぇ

手は「塩」で…
目を見開いて…
首をふって…
……

ほんとだ、難しい！どれかが止まっちゃう
こんなにたくさんの動きを一度にするんだ
練習すればすぐに慣れるよ〜

ミミちゃんはろう者みたいに顔を動かそうとして「変な顔になっている気がする!」と言っていましたね。

手話を勉強していて同じ気持ちになる人は多いのではないでしょうか。

「顔を動かして!表情豊かに!と手話の先生に言われても、もともと顔の表情が出ない方なので困っちゃう…私は手話に向いてないのかな…」という悩みを持っている人は、実はたくさんいるようですね。

表情が少ない人は、手話を身につけることができないのでしょうか?

そんなことはありません。

実はネイティブサイナーの中にも「顔の表情が少ない、気持ちが顔にあまり出ない」と本人も周りも認める人はたくさんいるのです。

でも、そういう人が手話で話しているところをよく見ると、眉や頬や口が忙しく動いているように見えます。

気持ちがあまり顔に出ないと言う人の眉や頬や口が忙しく動いているのは、一体どうしてなのでしょう?

日本手話の顔の動きは、大げさな気持ちの表現とは限りません。

それ以外の使い方があるのです。

顔や頭などを使う手話の文法表現を「**ＮＭ表現**」といいます。


ＮＭ表現の例を写真で見てみましょう。

手で示した単語は同じ「塩」ですが、顔の動きが違うと別の疑問文になります。

上の文は「はい・いいえ」で答えられる**Yes-No疑問文**です。

下の文は「どこですか?」「どれですか?」などの疑問の表現が入る**ＷＨ疑問文**です。

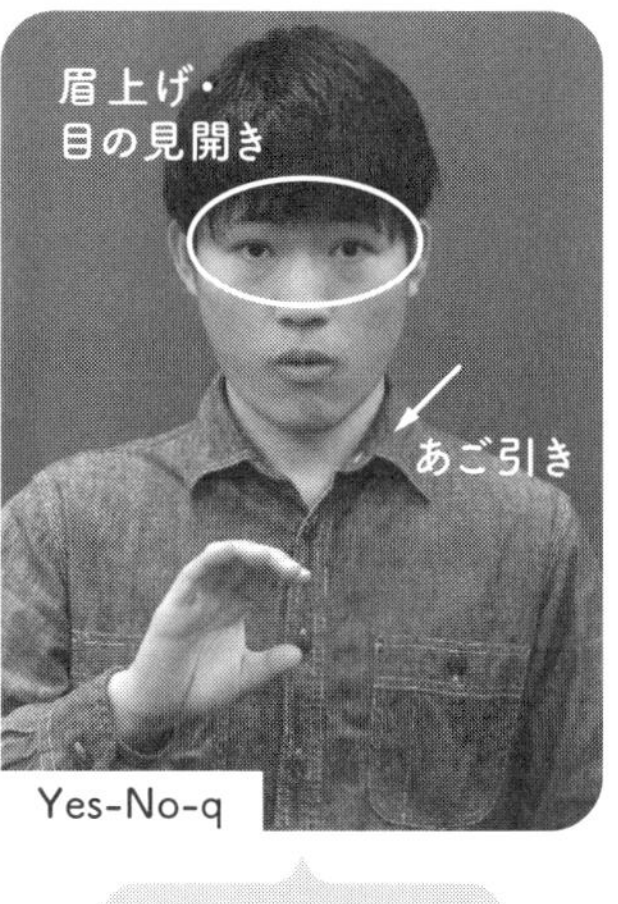

/塩?/(塩なの?)

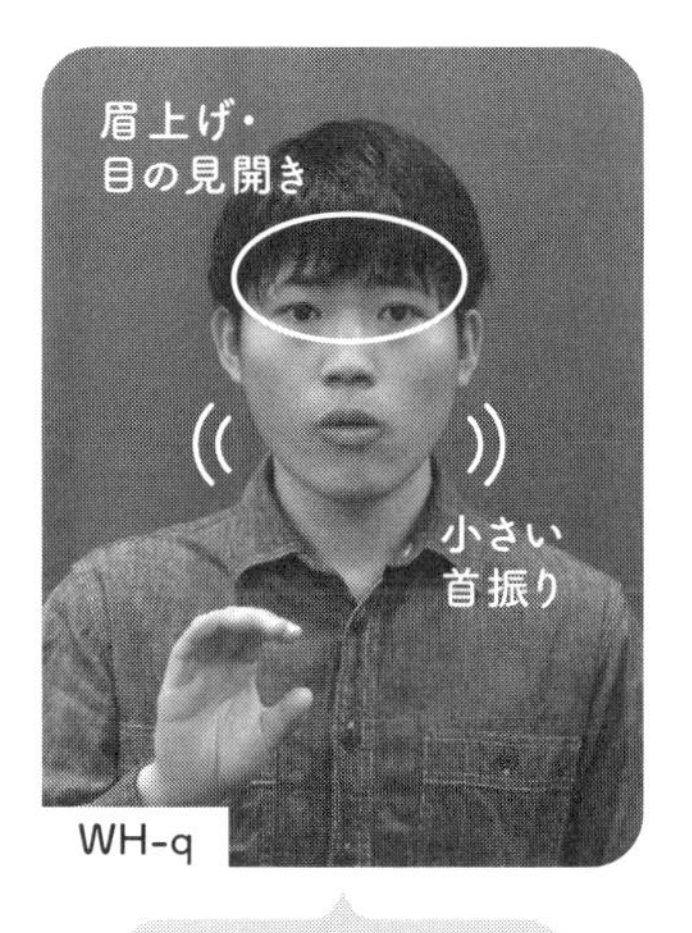

/塩?/(塩はどこ?)

Yes-No疑問文(「塩なの?」)には目の見開き・眉上げ・あご引きのＮＭ表現がついてい

ます。

WH疑問文（「塩はどこ?」）には、目の見開き・眉上げ・細かい首ふりのNM表現があります。

＊　＊　＊　＊　＊

次にNM表現の「うなずき」の例を見てみましょう。

大きなはっきりとしたうなずき・小さいうなずきなど、いろいろなうなずきがあります。「うんうん」と適当にうなずいているのとは違って、NM表現のうなずきの種類や使い方には、ルールがあるのです。

次の写真の例「ラーメンは、最近弟がハマってるんだよね」というように、日本語では話題の部分に「〜は」がつきます。

日本手話では、この「話題」に当たる部分に、うなずき・眉上げ・目の見開きのNM表現がつきます。

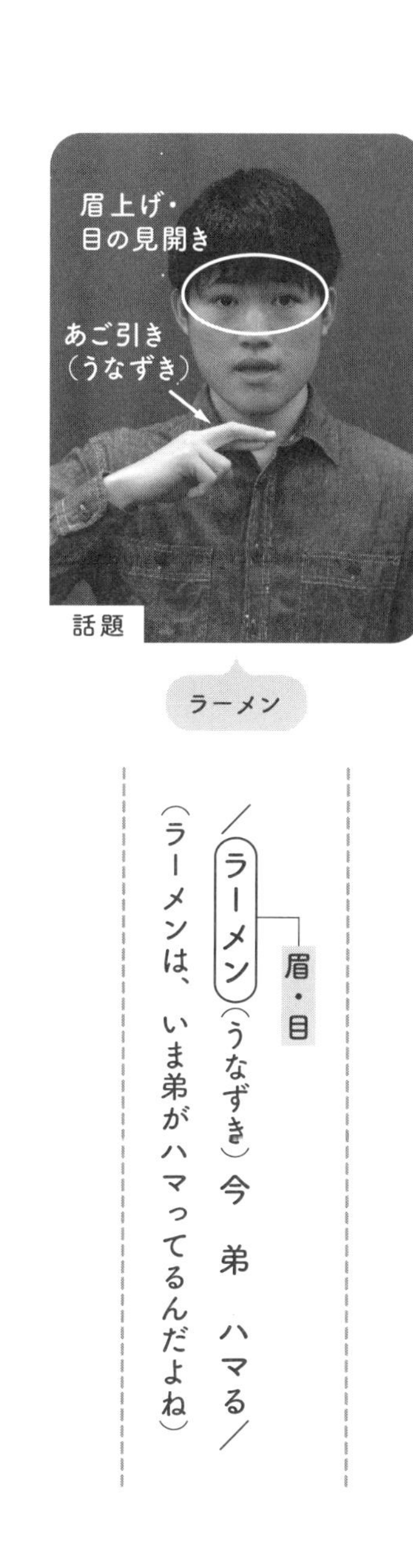

NM表現の顔の動きを見逃してしまうと、とんでもない誤解が起こってしまうことがあります。

＊　＊　＊　＊　＊

次の例では「明日友達が来るので今日は家の掃除をしなくちゃ」の「〜ので」の意味が、大きなはっきりしたうなずきで表されています。

／明日　友達　来る（大きなはっきりしたうなずき）　家　掃除　必要／
（明日友達が来るので家の掃除しなくちゃ）

「もし～なら」のうなずきは違います。

「もし～」で始まる部分では、頭を少し前に出して止めます。

その後、うなずきながら頭を元の位置に戻します。

／明日　友達　来る（うなずきながら頭を戻す）一緒　ゲーム／
頭を前
（明日もし友達が来るなら一緒にゲームやろうっと）

「明日友達が来るので」は、友達が来ることがもう決まっている状況です。

「明日もし友達が来るなら」は友達が来るかどうかはまだわかりません。

うなずき一つで意味が全然違ってきますね。

だから、うなずきに種類があって、それぞれに違う意味があることを知らないと、大きな誤解や勘違いが起こってしまうかもしれないのです。

ここで見てきたように、ＮＭ表現の顔の動きと手の表現がひとつになって手話の文ができあがります。

単語を並べて文を作る日本語や日本語対応手話とは、ちょっと違う方法ですね。

喜怒哀楽の気持ちが、顔によく出るろう者もいます。

逆に、あまり気持ちが顔に出ないろう者もいます。

でもどんな人でも、ＮＭ表現の顔の動きは、日本手話では必ず使われているのです。

マスクは困る？手話の口の動き

コロナ禍で、テレビのニュースの手話通訳者がマスクをつけていないと話題になったことがあります。

手話で話す人がマスクを使えないのはなぜなのでしょうか？

日本語対応手話（手指つき日本語）と日本手話、それぞれに違う理由があります。

日本語対応手話では、「てにをは」などの文法に関する情報は、口の動きで表されています。

ですので口の動きが見えないと、単語が途切れ途切れに並ん

でいるだけになってしまいます。

次の例を見てください。

とぎれとぎれの手話表現を見るだけでは、言いたいことがわかりにくいですね。

日本語対応手話

口の動き **失敗を通して成長していくことを、必ずしも良いとは思わない人もいます**
手話表現 **失敗　通る　成長　行く　こと　必ず　いい　思う　ない　人　いる**

「通して」「していく」「(必ず)しも」「(良い)とは」の部分は、口の動きを同時に見ないとつながりがわかりません。

だから、マスクで口が見えなくなるのは困るのです。

マスクが困るのは日本手話も同じですが、**理由が違います**。

日本手話には、文法や単語の意味に対応する「NM表現の口の動き」があります。

例えば、手話表現／やめる／に「パ」という口の動きをつけると、「仕事をやめてしまった」という意味になります。

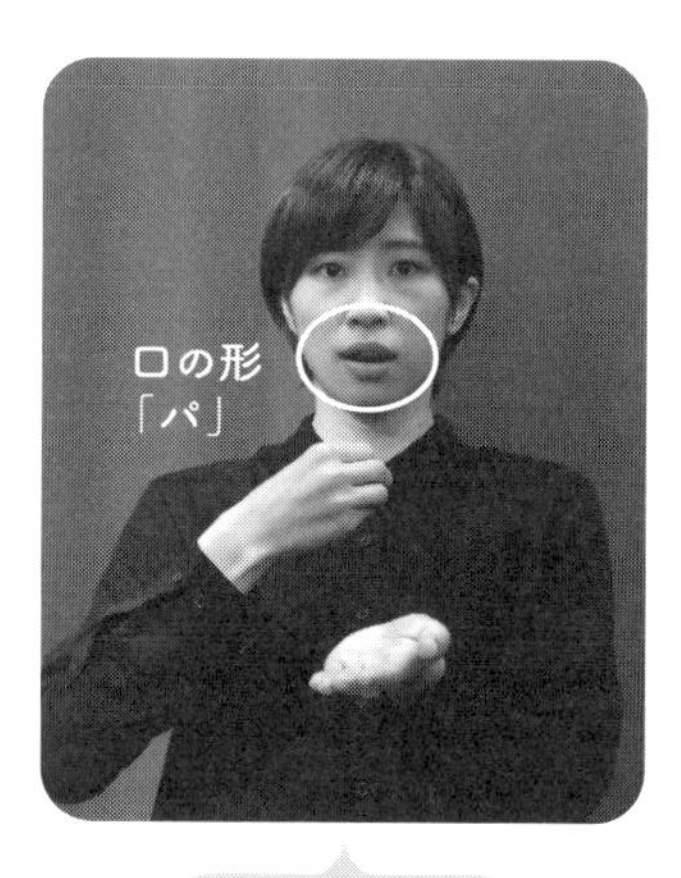

/辞める（パ）/

/田中　仕事　やめる（パ）/
（田中さんは仕事をやめてしまった）

次の例では、口の動きに「よく注意せず、いい加減に」という意味があります。

/仕事（口半開き）/

/田中　仕事（口半開き、舌を少し出す）/
（田中さんは仕事に身が入らなかった）

マスクをして日本手話で話すと、このような文法の口の動きが見えなくなるので、大事な情報が伝わりません。

日本語対応手話と日本手話、それぞれの事情があるわけですね。

ちなみに、口の動きで手話の名詞の意味を区別するのは、日本手話でも日本語対応手話でも同じです。

例えば/テレビ//映画/は、手の表現が同じなので、口を「テレビ」「エイガ」と動かして区別します。

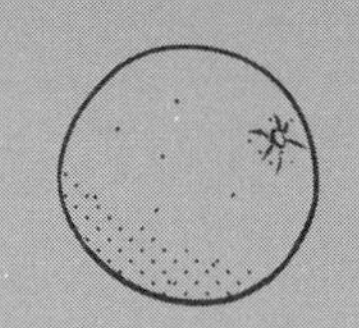

SHUWA TALK!

その3

どうして手話を作ってはいけないの?

う…
プルプル…
うう…

薬指と小指が痛い！
うう…
数字の「8」って手がつりそうになる〜
やっぱり

この指の折り方のほうが楽だから
これからはこっちを使おうかな

う〜ん
でもそれだと「8」じゃないよ

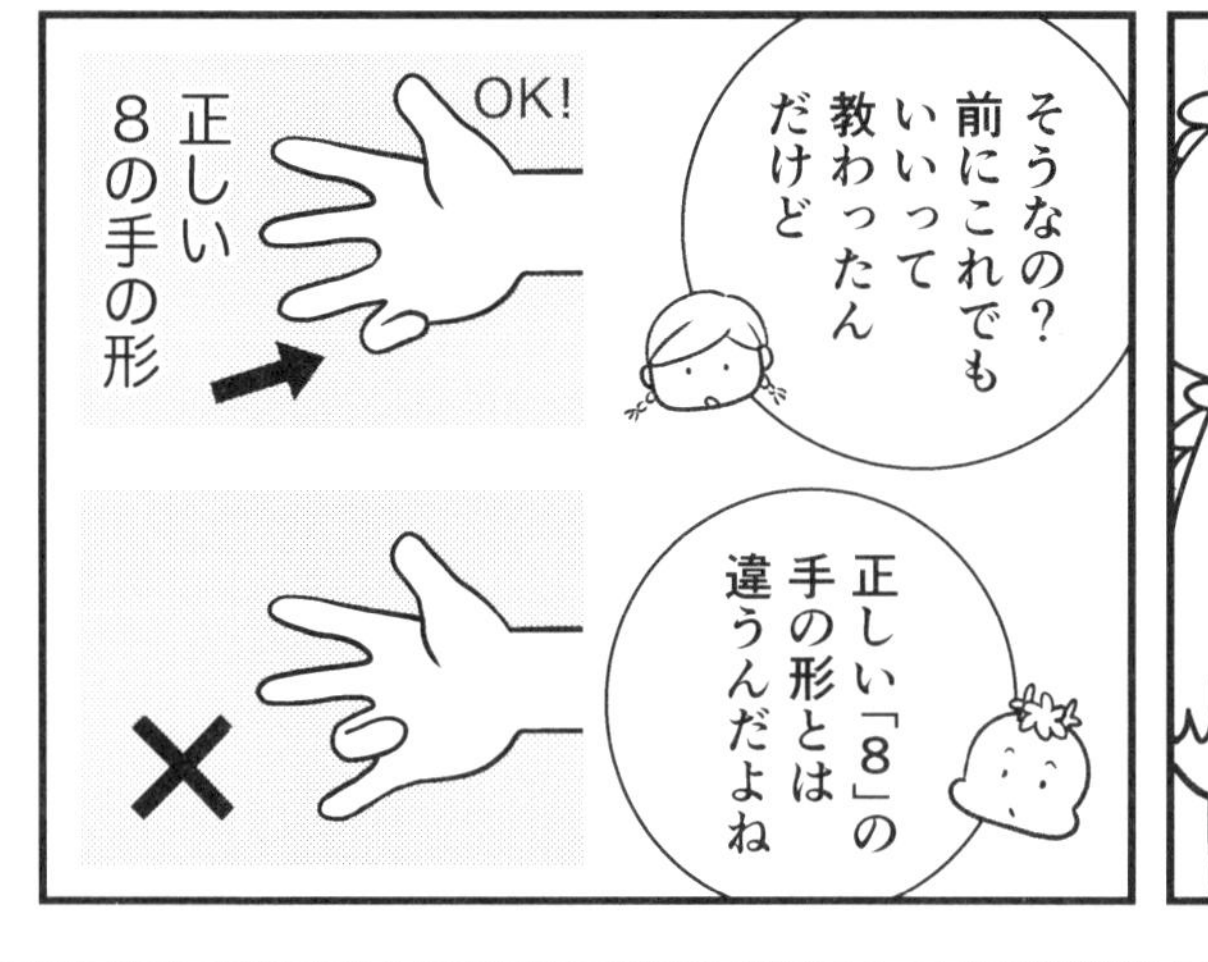
そうなの？前にこれでもいいって教わったんだけど
正しい「8」の手の形とは違うんだよね
OK!
正しい8の手の形
×

手の形って
指の数が
合っていれば
オーケーじゃ
なくてね
手話にとっては
日本語でいう
かなの音みたいな
ものなんだ
手話に音？

例えば
これを
見て
ねこ
はこ
「こ」だけが
同じだね
ね こ
n e k o
は こ
h a k o
じゃあこれを
バラバラに
してみたら？
こ
こ
ね
は
あ、意味が
消えちゃった
これが
かなの音だよ

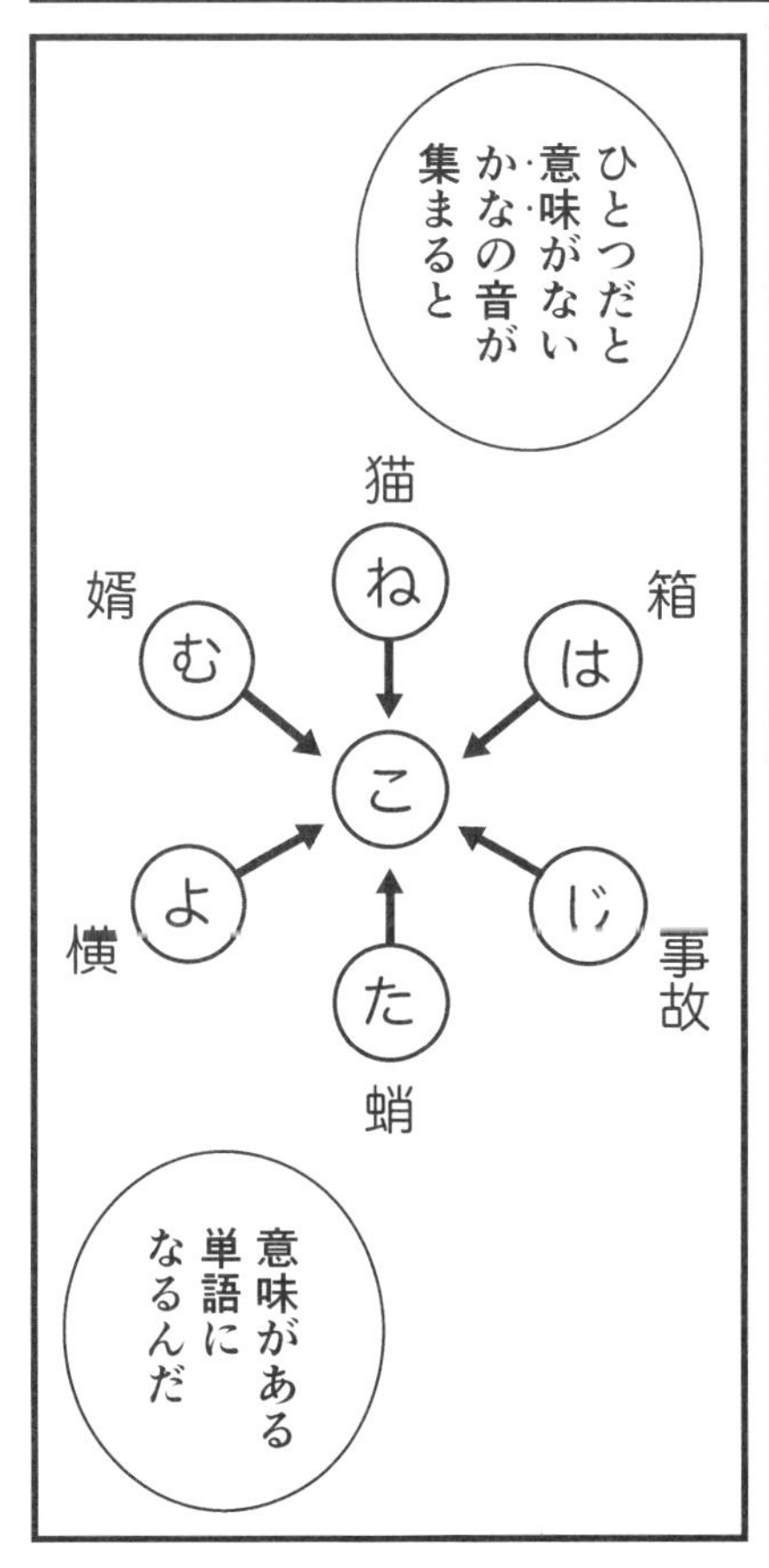
ひとつだと
意味がない
かなの音が
集まると
猫
ね
箱
は
婿
む
こ
よ
横
じ
事故
た
蛸
意味がある
単語に
なるんだ

もし、ねこの「ね」を「さ」に変えて「さこ」にしたら？
何のことだかわからなくなるね
さ
こ
そうだよね
「ね」と「こ」という音が揃うから「ねこ」になってる
手話の単語も同じで
「手の形」「場所」「動き」
この3つが揃って手話の単語になっているんだよ
あれ？じゃあ
指の折りかたで手の形が変わると「音」も変わって
単語の意味が伝わりづらくなるってこと？

そうなんだ
「ねこ」が「さこ」になっているみたいなことが手話でも起きるんだよ
え？オレのこと？
知らなかった…

手話ということばを使っている人たちにとっては
手話の音
手の形も場所も動きも
全部大切なんだ

……

ロンくん
私も大切にするよ

日本手話の数字の／8／は、5本の指を広げて小指だけを曲げて表します。

このとき、小指がきれいに曲がる人と、そうでない人がいます（私はうまく曲がりません）。

ろう者でも、小指がうまく曲がらない人はたくさんいます。

そういう場合は、小指だけをできるだけ内側に倒せば、きちんと通じます。

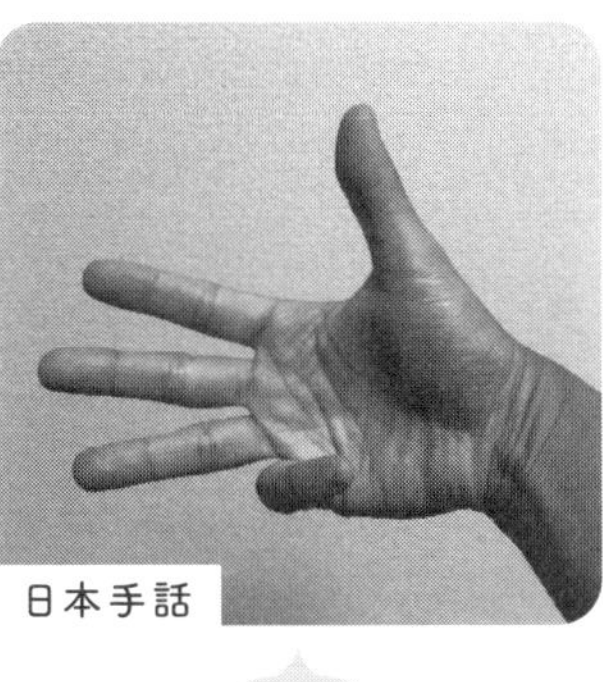

/8/

それだと数字の9と区別できないのでは？と心配する人がたまにいますが、／9／の表現は4本の指をそろえるので、手の形はかなり違っています。

ろう者はちゃんと区別できるので大丈夫です。


小指がきちんと曲がらないとダメだと思う人たちが考えた、薬指を曲げて「8」を表す方法があるそうですね。

でも、日本手話を使うろう者にとっては、**その表現は日本手話の〈8〉ではありません。**

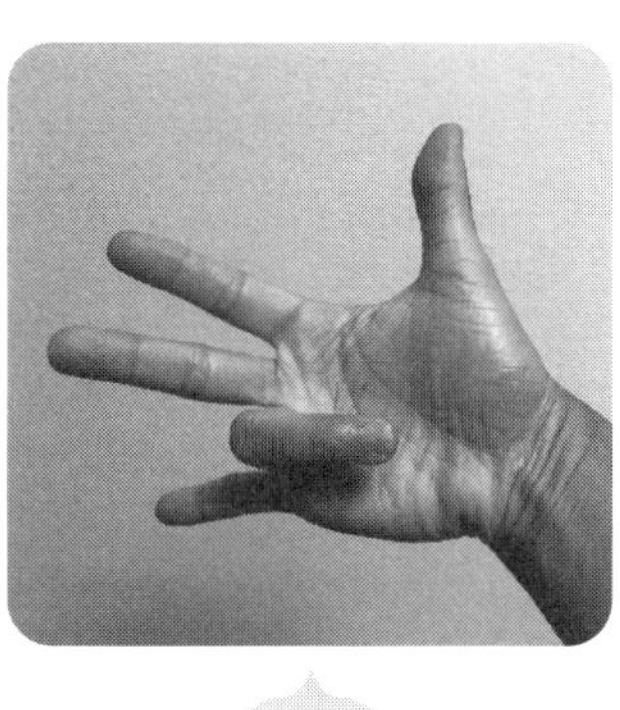

?

8じゃないなら何なんでしょう?

「数字の8と言いたいのかもしれないが、何かよくわからない手話表現」といったところでしょうか。

でも、小指でも薬指でも、曲げる指とまっすぐな指の数は変わりませんよね。

日本手話を使うろう者はどうしてそんなに頑固なんでしょうか?

ろう者が頑固なのではありません。

日本手話の手の形は、ジェスチャーや絵のようなものとは違います。手の形は、日本語のかなで表される「音」に似ています。（ほとんどの「かな」は子音と母音（例えばｎとｅ）でできていますが、ここでは「かな」を一つの音のかたまりとみなして説明します。）

例えば「ねこ」と「はこ」では、最初の音「ね」と「は」が違うだけですが、単語の意味は全然違います。

でも別に「ね」という音に何か特別な意味があるわけでもありません。同じ「ね」で始まっていても「ねこ」は動物で、「ねぎ」は野菜です。

意味がない音が一緒に集まって、意味がある単語ができます。集まっている音を勝手に変えたら、単語の意味が通じなくなります。

ここでちょっと、日本語を勉強している外国人のことを考えてみましょう。英語を話す人には「りゃ」「りゅ」「りょ」などは発音しにくいです。でも、だからといって「りょこう（旅行）」を勝手に「のこう」に変えて「明日からのこうなので楽しみです！」と言われても、言われた方はすぐには意味がわからなくて悩んでしまうかもしれません。
日本手話の単語も同じです。

「**手の形**」と「**位置**」と「**動き**」の3つの組み合わせで、ひとつの手話表現ができています。
（「手のひらの向き」「顔の動き」などを追加して4つや5つの組み合わせと考える人もいます。）

「ねこ」の「ね」や「旅行」の「りょ」と同じで、手話の手の形・位置・動きのそれぞれに意味はありません。
でもその3つが組み合わさって、意味がある単語になるのは日本語と同じです。

だから、手話表現の手の形を勝手に変えることは、手話の「発音」を変えてしまうこと、つまり日本語で「りょこう」を「のこう」や「ぴこう」に変えてしまうのと同じです。

もし、日本語がまったくわからない外国の人が勝手に集まって「日本語の単語は足りないから私たちが作ってあげよう！」と、勝手に「にょごちゃお」という日本語の単語を作って

「にょごちゃって茶色い犬のことだよ！単語作ったから使ってね！僕たちも使うからね！」って言われたらどうでしょう？

日本語ネイティブとしては、困るしかないですね……。

「にょごちゃお」って語感としてどうなんだろう？

どっちかというとネコっぽくない？

普通に「茶色い犬」じゃダメ？

頭の中がはてなマークでいっぱいになってしまいそうです。

それと同じようなことが、手話の世界では起こっています。

日本手話ネイティブの人も、困ってしまっています。

日本手話は日本語と同じように、コミュニティで長年使われている「ことば」です。学習している人がやりにくいからという理由で表現を勝手に変えてしまうと、日本手話を文化として大切にしている人たちは、ガッカリしたり困ったりしてしまいます。

日本手話ネイティブのろう者の意見を聞かずに、新しい手話単語を作ったりすることはおすすめできません。

手話ということばとろう文化を、そのままの形で尊重して学んでいくことで、ろう者の世界をよりよく理解することができるはずです。

つまり、聴者の人が日本手話を勉強することは、**外国語を勉強するのと同じということです。**

ここで説明した手話の「発音」も、ろう者の先生に教えてもらいながら、しっかり練習していきましょう。

ダジャレ手話 ／ヤバい／

若い人がよく使う手話表現として話題になるのが「ヤバい」です。日本語の「ヤバい」にも若者言葉バージョンがあって、例えば「あのアイドルのダンス、ヤバいよね〜」「あの漫画はヤバい」と盛り上がったりします。

私達中高年には「ヤバい」は「そんなことをしたら大変な問題が起こる」という悪い意味しかありません。

若い人に「このケーキヤバい！」なんて言われると「ケーキに何か法的に禁止されているものが入っているのか？」と勘違いしてしまっても仕方がないぐらいの、世代のズレっぷりです。

日本語でもそうなのですから、手話にも若者言葉があってもおかしくないですよね。

ここでは日本手話の若者言葉／ヤバい／について考えてみましょう。

日本語対応手話（手指つき日本語）や混成手話を使う若い人たちの間で当初使われ始めた手話の「ヤバい」は、日本手話を使うろう者が「ドン引き」してしまうような表現でした。

下の写真のように指文字の「ヤ」を両手で作って、それを日本手話の／倍／と同じ動きで上下に重ねる表現です。

ダジャレ手話

／ヤバい／

「ヤバい」と「倍」の意味には、何も関係がありません。日本語の発音がたまたま同じというだけの理由で「倍（ばい）」という手話表現が指文字「ヤ」と合体して、このダジャレ手話が生まれたようです。

その「ヤバい」は、日本手話を使う若いろう者たちの中で次第に形が変わっていって、日本手話の若者言葉として使われるようになっていきました。

日本手話コミュニティの若者が使う／ヤバい／は、動きが違っており、同じ手の形の右手を下から左手に軽くあてます。

より「ヤバい」とあわてている場合には、同じ動きが細かく繰り返されて、口は「ヤバイヤバイヤバイ…」と動きます。

日本手話（若者ことば）

／ヤバい／

こちらの／ヤバい／と／倍／という手話表現とは**動きが違うので、別の単語**ということになります。

「倍」と関係がなくなったということは、「倍」＝「バイ」というダジャレの部分がなくなったということです。

ダジャレ要素がなくなったことで、より日本手話らしい表現になったわけですね。

日本語のダジャレを使った手話は、日本語対応手話を使う人たちの間では人気がありま す。

日本手話の/家/を2回続けて表して「いえいえ」にする表現も有名なダジャレ手話です。こういう表現は日本語の発音がベースですから、頭の中が日本語の人の感覚では「覚えやすい」「楽しい」ものです。

でも日本手話を使うろう者の人たちは「どうしてその手の形?どうしてその組み合わせ?」とモヤモヤしてしまうことも確かです。

ダジャレ手話がけしからん!というわけではありません。

でも日本手話に同じ意味の独自の表現があることが多いので、わざわざ日本語どおりのダジャレ手話を使う必要はないのです。

日本手話を使う人の間では、ダジャレ手話の受け止め方がかなり違うことも覚えておきたいですね。

＊＊＊＊＊

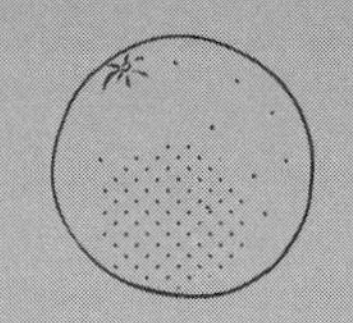

SHUWA TALK!

その4
CL表現を楽しもう

ロンくーん
箱が届いているよー

箱〜？
ネット注文したうちのどれかかな

どんな箱か手話して〜
ん・・・
ハコ・・・？
えっと…

これくらいの
箱なんだけどー

うん、四角でそれからー？
ええ…
それから・・・？

四角じゃ
なくて…
箱…
しゅん…
四角の
ジェスチャー
だったね
ジェスチャー
？

人それぞれ
表し方が違うけど
通じる動作だね
ザバーッ
お風呂とか
？

手話にはね
ジェスチャー
のように
見えるけど
じつは違う
CL表現が
あるんだよ
シーエル
CL
クラシファイア
Classifier
CL？

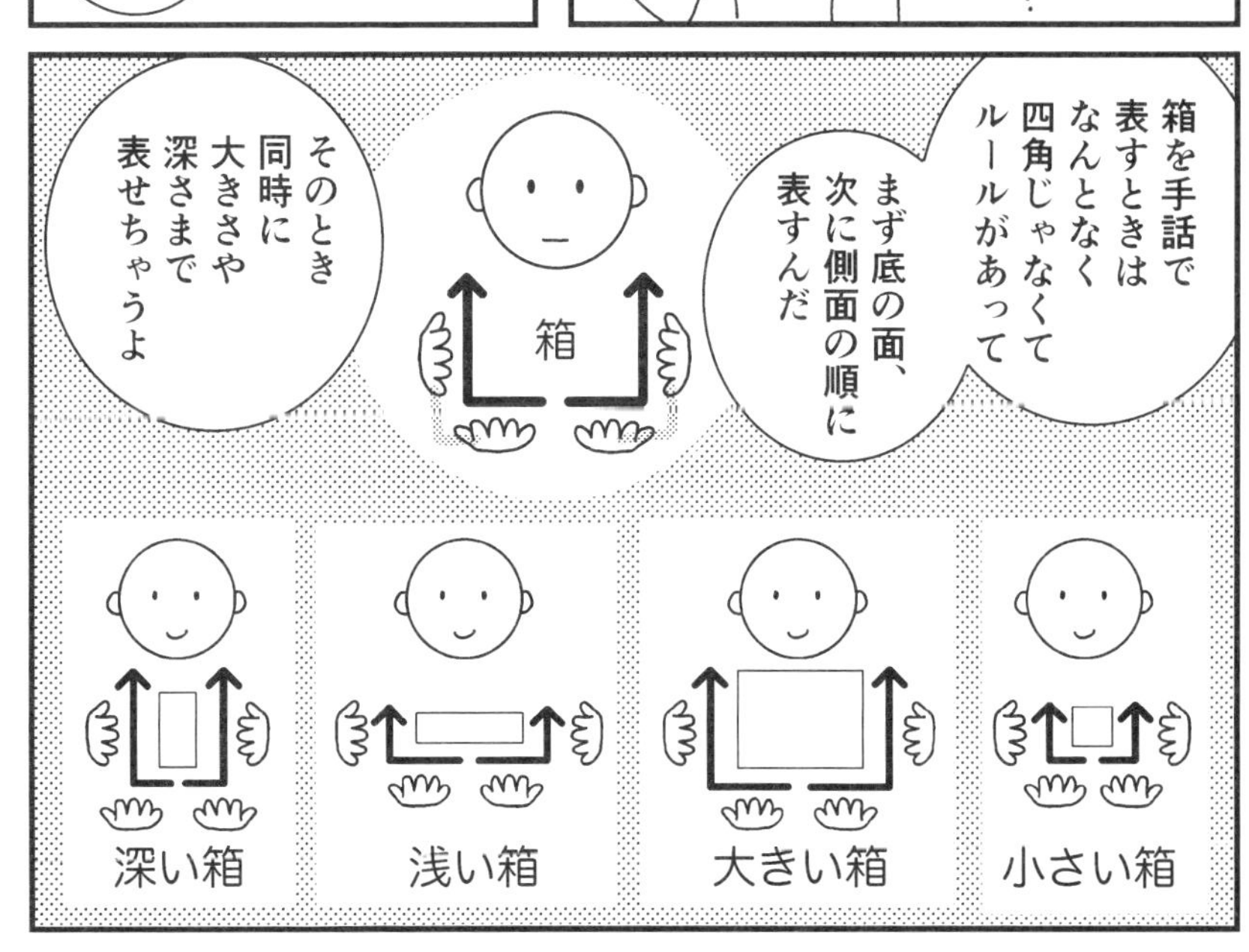
箱を手話で
表すときは
なんとなく
四角じゃなくて
ルールがあって
まず底の面、
次に側面の順に
表すんだ
箱
そのとき
同時に
大きさや
深さまで
表せちゃうよ
深い箱
浅い箱
大きい箱
小さい箱

ぼくの
お気に入りの
フカフカ座布団
あるでしょ?
うん
あれも
CLを使うと

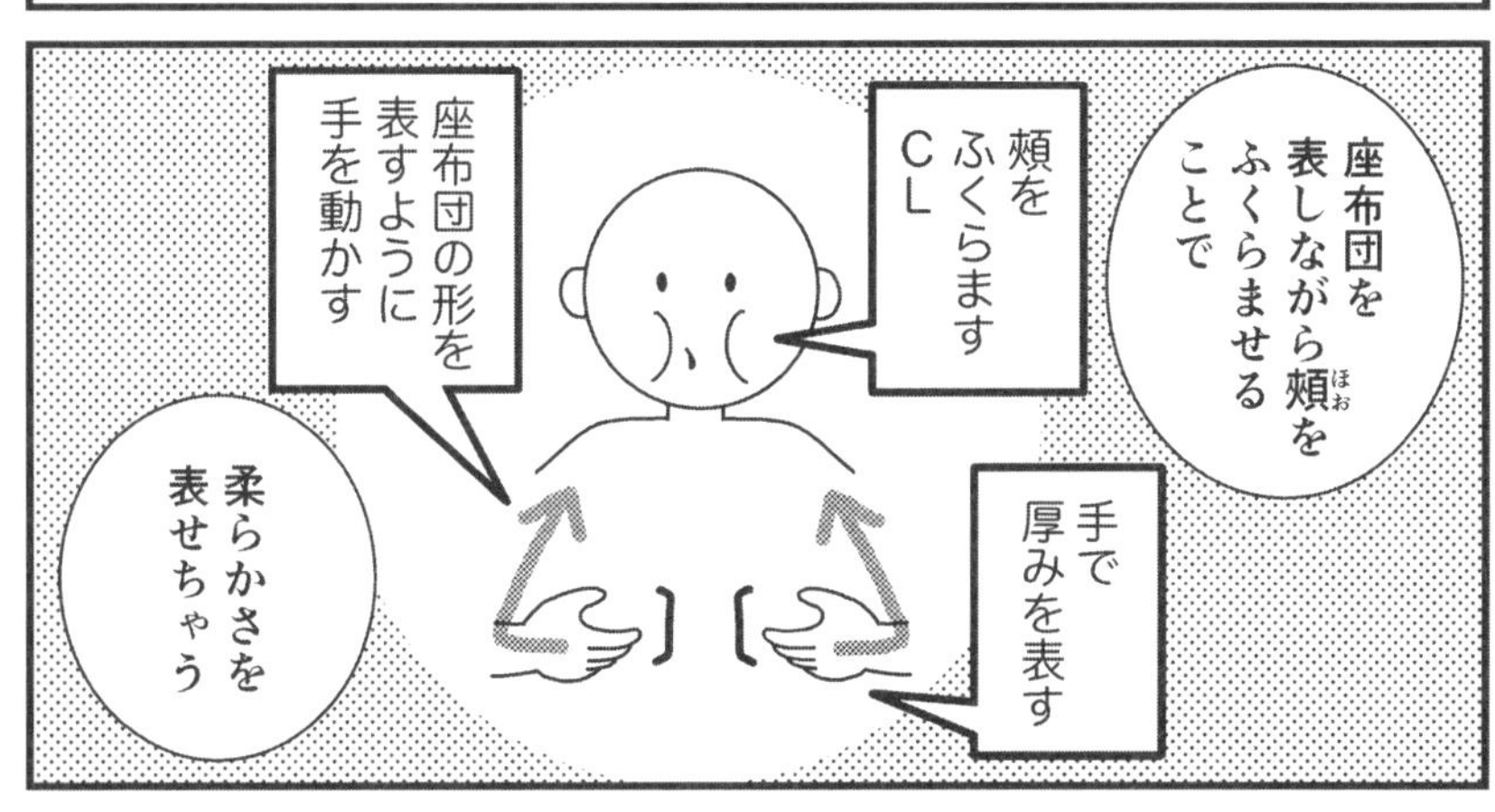
座布団を
表しながら頬を
ふくらませる
ことで
頬を
ふくらます
CL
座布団の形を
表すように
手を動かす
手で
厚みを表す
柔らかさを
表せちゃう

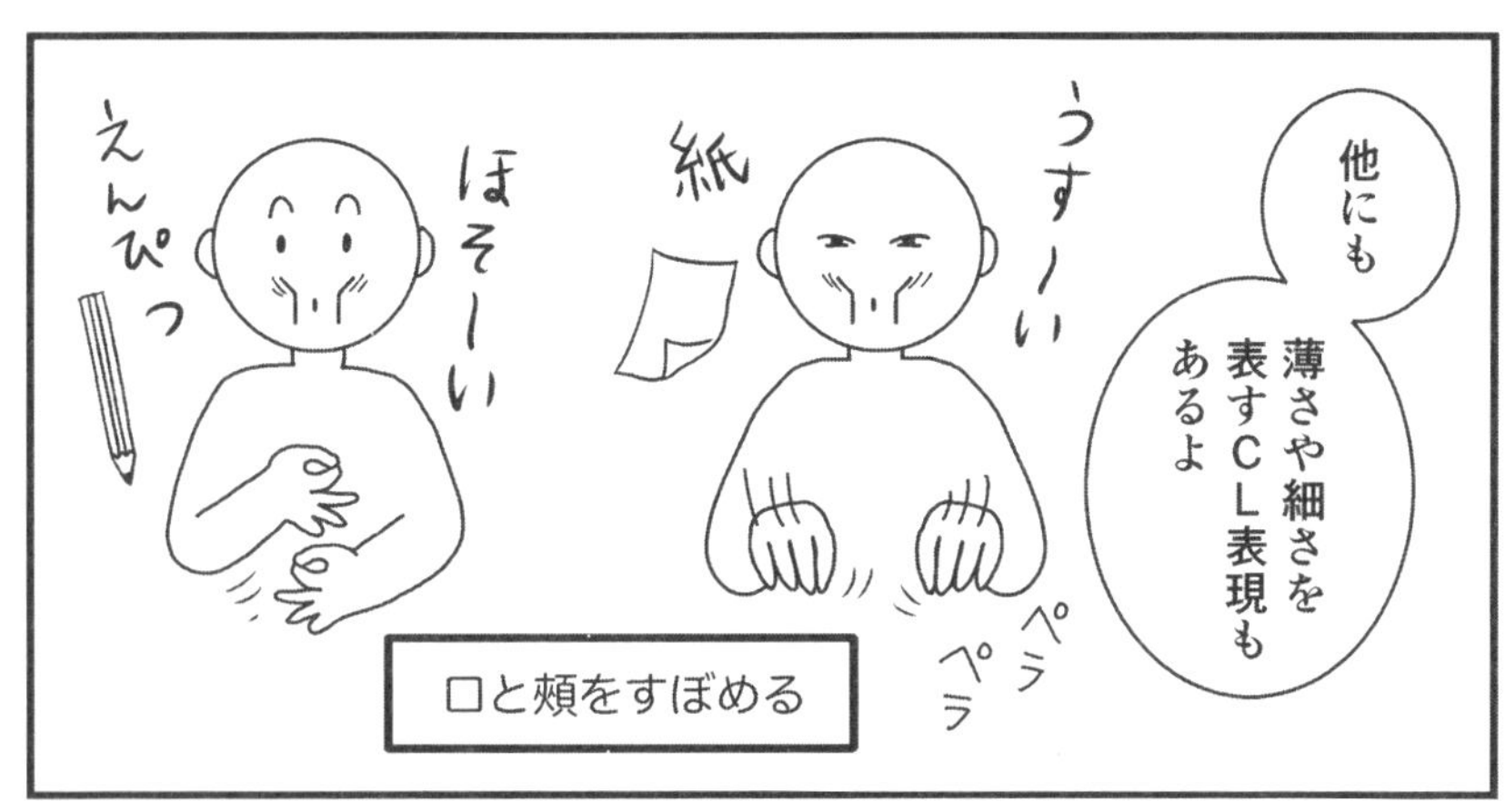
他にも
薄さや細さを
表すCL表現も
あるよ
うすーい
紙
ペラ
ペラ
ほそーい
えんぴつ
口と頬をすぼめる

へー
形だけじゃ
なくて
厚さや薄さ、
細さでも
CLが決まって
いるんだね
うん

あとね、
ものの
動きや位置を
わかりやすく
伝えるときも
CLが大活躍
するんだよ

動きや位置？
ミミちゃんは
「車」の手話
知ってる？

ハンドル
握って
運転している
みたいな
感じだよね

それとは別に
車全体を
CLにすることも
できるんだ
こんなふうに
それを
どう使うの？
車まるごとCL

車が坂を上ったり
下ったり
車が縦一列に並んでいる様子や
ぽん ぽん ぽんっ
横一列に並んでいる様子も
簡単に表せちゃう
とん とん とん
ここでCLクイズ〜〜！
今から見せるCLの様子を当ててみて！
エッ〜
ゆらゆら
えっと…
車がくねくね道を走っているところ？

そう！
でも
それだけじゃ
ないんだ
?
手の動かし方と
頭の動き、
顔の使い方で
くねくね道を
のんびり運転
している様子が
わかるんだ
頭を少し
ゆらす
口が半開き
車がくねくね
走る様子
訳したら
「くねくね道を
車でのんびり
運転している」
みたいな感じ？
そうそう
へえー
日本語だと
長い文なのに
手話だと
全部を一瞬で
表せるんだね
手だけじゃ
なくて
顔や頭、
スペースで
いろいろなことを
いっぺんに
表せるのが
CLだよ！
便利だね

日本手話にはジェスチャーがたくさん入っているように見えます。

例えば、/飲む/という手話表現は、コップを持って何かを飲むような表現です。

では、手話単語がわからないときはジェスチャーで頑張って表現すれば、ろう者に何でも話が通じるのでしょうか。

それはちょっと、無理な相談です。
日本手話は**日本語とは違うルール（文法）や表現方法をもつ言語**だからです。決まった文法や表現方法があるから、日本手話で政治や歴史や科学の話をしたり、話し合いをして問題を解決したりできるのです。

それでもやっぱり、ジェスチャーみたいに見える手の動きがあります。ものの形や大きさを示す表現、例えば○や△や□や、太いものや細いものを表す表現は、ジェスチャーによく似ています。

そういう表現はジェスチャーとは違うのでしょうか。


答えは「少し同じで少し違う」です。

ジェスチャーと少し似ていて、でもジェスチャーにはないルールがある表現が**ＣＬ表現**です。

CL（シーエル）とは、classifier（クラシファイア・類別詞）という英単語を省略したもので、日本独特の用語です。

ものや人の様子を表すときに使われます。

ジェスチャーとは違って、基本の手の形や動かし方があります。

ここでは3種類のCL表現を紹介します。

CL 表現

- 丸ごとCL
- 大きさと形のCL
- 動作のCL

丸ごとCL

決まった手の形で表したいものの全体を示します。次の写真でわかるとおり、手話単語とは違います。

手話単語

/車/

丸ごとCL

車

車の丸ごとCLの動かし方に顔の動き（NM表現）を加えれば、スピードを出している様子や運転の仕方、渋滞の場面や駐車場にとめてある様子などが表現できます。

大きさと形のCL

表したいものの大きさや形、硬さや柔らかさなどを表現します。

聴者がジェスチャーで「箱」を表すときは、手の動かし方は特に決まっていません。指で箱の形を描くように動かしたり、手前から自分に向かって平手を動かしたり、いろいろな方法があります。

それに対して、日本手話のCLでは、手の動かし方に基本のルールがあります。

平手を左右に動かして底を先に表して、その両手を上に動かして箱の側面を表します。

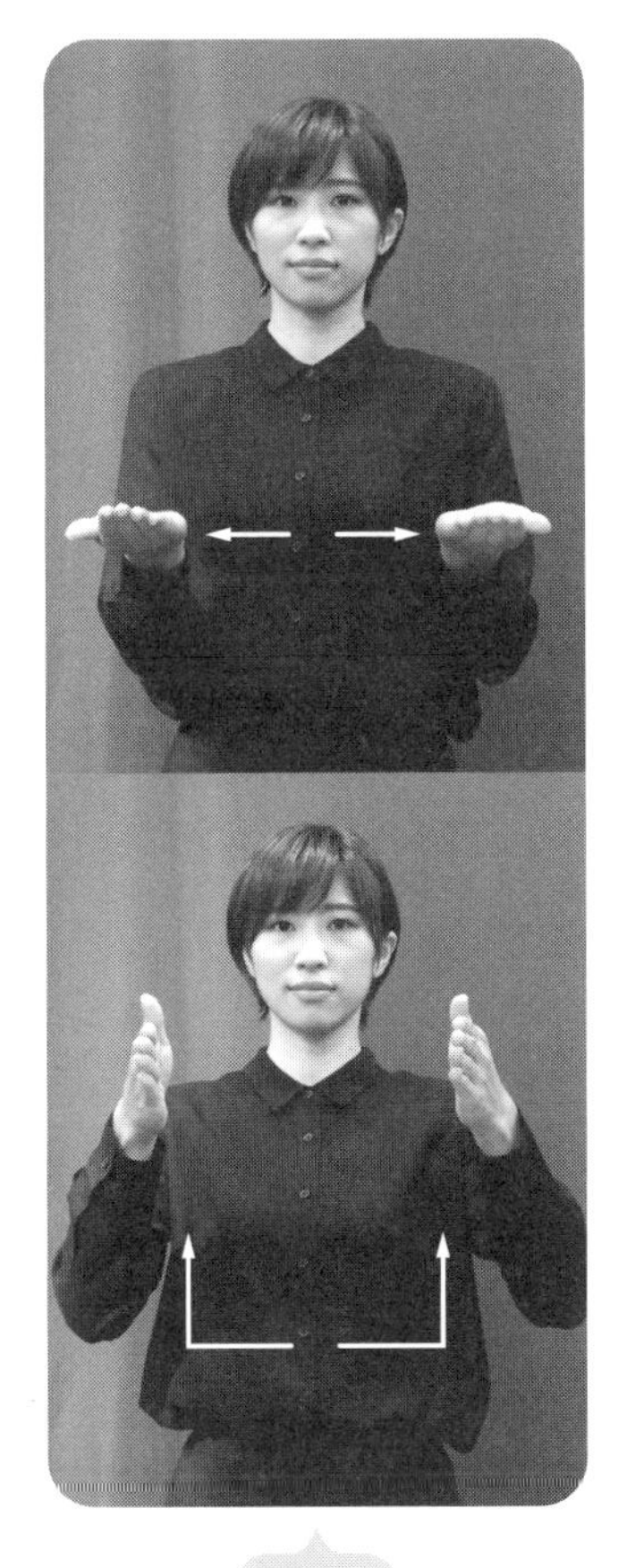

箱CL

分厚い本CL

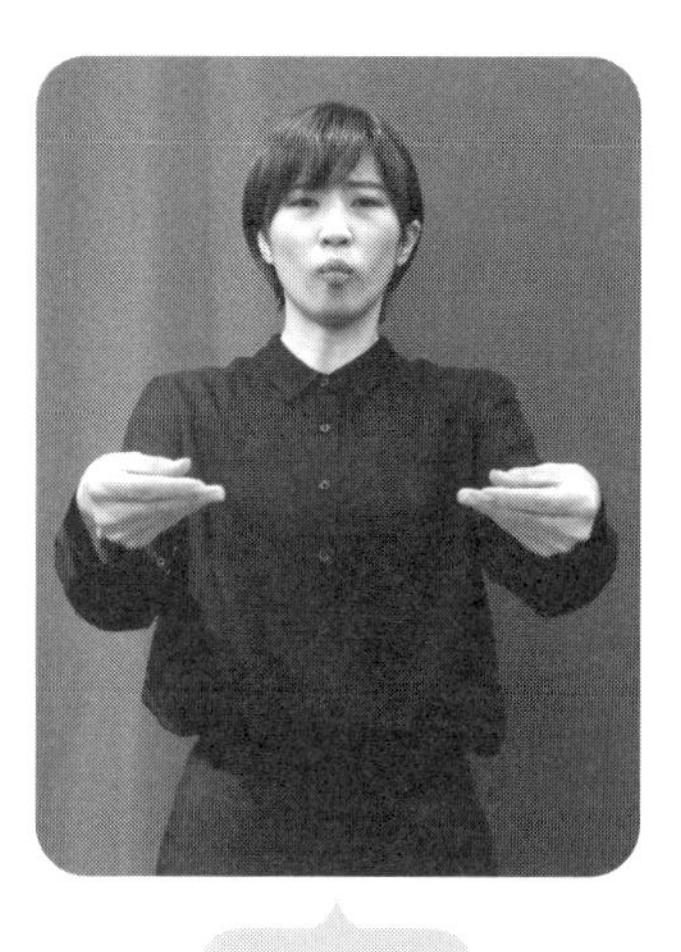

薄い本CL

CL表現には、顔の動きも含まれます。

目の見開き・頬のふくらみと、手に力を入れて表すことで「分厚さ」や「太さ」などを表します。

目の細めと、頬と口のすぼめをつけると、細さや薄さが表されます。

動作のCL

何かを動かしている様子や、使っている様子を動作で示すCLです。例えば、瓶の「ふた」を表す際には、どのように動かして開け閉めするのかを、動作のCLで表します。

瓶のふたを回して開ける動作CL

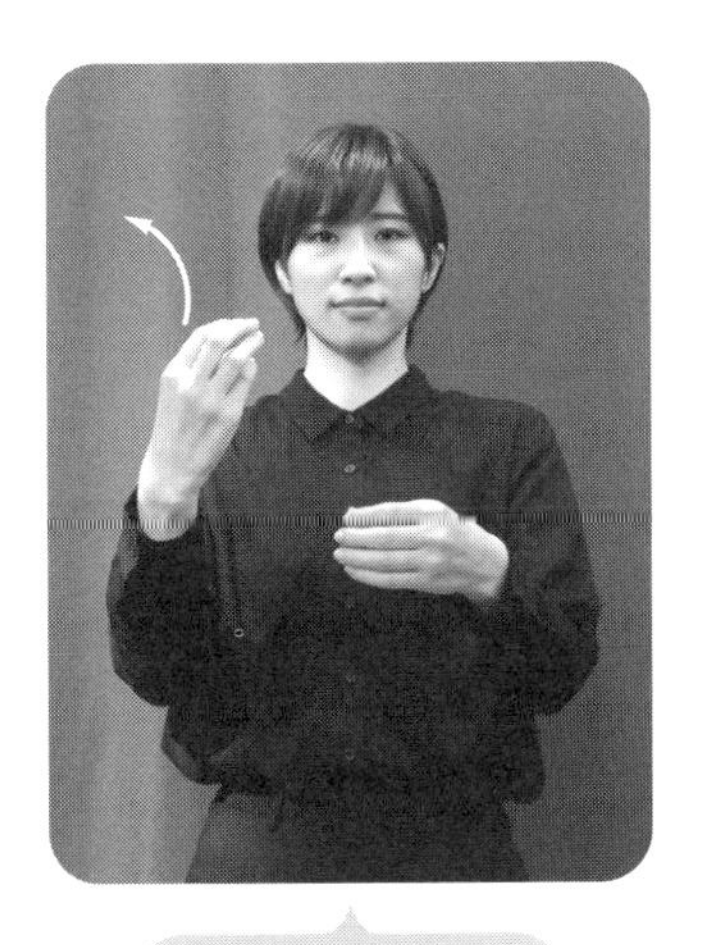

瓶のふたを上にぱかっと開けるCL

「かばん」も同じで、キャリーケースのようにハンドルを持って引っ張るのか、リュックのように肩にかけるのかを、動作のCLで区別します。

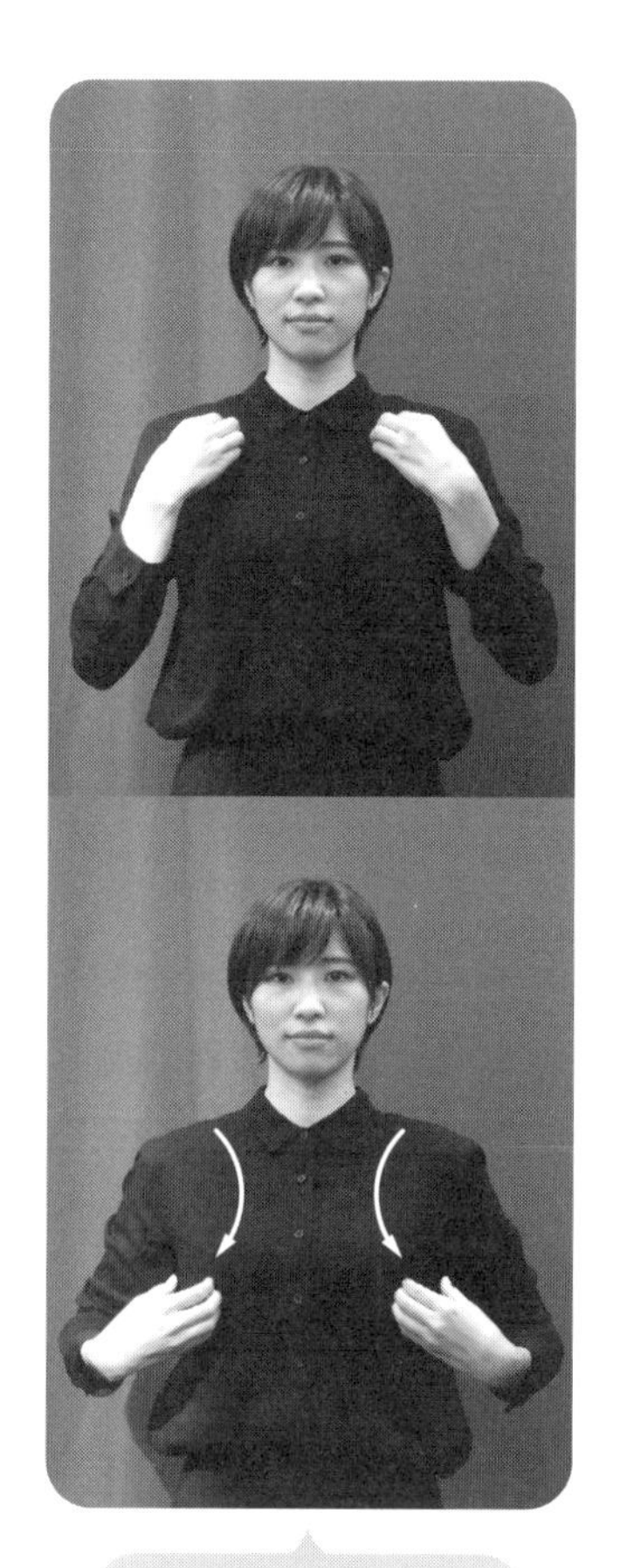

背負うかばん動作CL

キャリーケースのような
かばん動作CL

手話で話すときには、まず表現したい手話単語を表してから、続けてCL表現を使うと伝わりやすくなります。

/自転車/

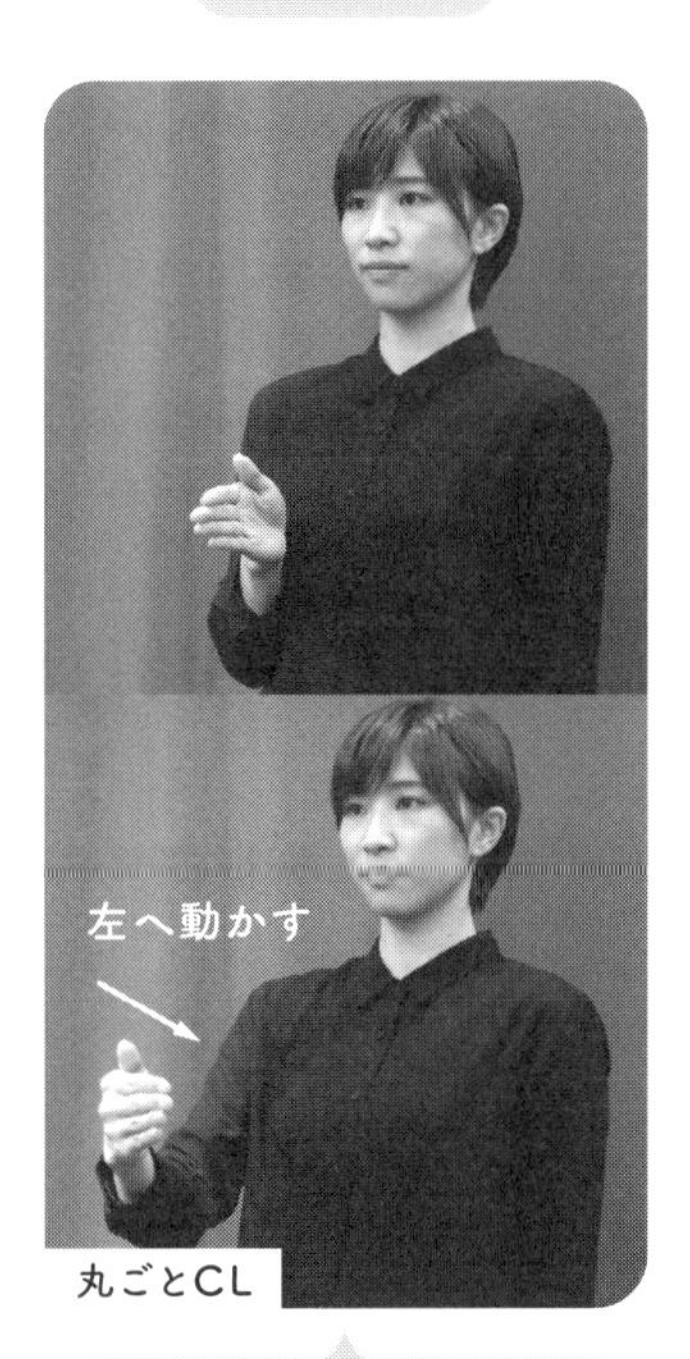

自転車丸ごとCL
（自転車が左に曲がった）

＊　＊　＊　＊　＊

基本的なCL表現は共通ですが、日本手話のネイティブろう者には、ユニークで魅力的なCL表現を思いつくのが上手な人たちがいます。

そういう人たちは、表したいものの形や性質、使い方などをとてもよく見ていて、その特徴を取り込んで、個性的なCL表現を作り出しています。

目線の変化と場面の変化 RSとCL表現

手話独特の表現には、CL表現のほかにRS（ロールシフト・レファレンシャルシフト）と呼ばれるものがあります。

手話で話している人が、自分以外の人や場景を表現するときにRSを使います。「過去の自分」と「今の自分」をRSで分けて表現することもできます。

RSで視点が切り替わるときには、目線や顔つきが変化します。

日本手話の「語り」では、CLとRSの組み合わせがたくさん使われています。

次の写真を見てみましょう。車が渋滞してドライバーがイライラしている様子がCLとRSで表されています。

たくさんの車が渋滞しているCL

イライラしているドライバーRS

「車が渋滞している様子を空の上から見下ろしたような表現」では、車の丸ごとCLが使われています。

「ハンドルを握ってイライラしているドライバー」では、ハンドルを動かす動作のCLと同時に、ドライバーの様子を表すRSが使われています。

「車が渋滞して運転している間イライラした」と日本語で言うと長くなりますが、日本手話ではCLとRSを使って一瞬で伝えることができます。

講演などで、ろうの話し手の手話が終わっているのに、通訳者の日本語訳が長く続いている場合には、話し手の語りの中でCL表現やRSがたくさん使われていたのかもしれません。

SHUWA TALK!

その 5

「目で見る子ども」のことばを育てよう

ロンくん
こんにちはー
あ！

「こんにちは～！」
「ロンくーん」

「ケンタくん
大きく
なったね」

「うん」
「もう一年生に
なったよ」

「そうだ、むこうに
甘夏みかんが
なっていたよ」
「見たい！」
「うん、見に行こう！
まだあると良いね」

はじめから手話で
子育てを
されたんですか？
いいえ、
はじめは
手話のこと
何も知らなくて

でも たまたま ロンくんに 出会えたの
スーパーで 買い物中に 息子が突然 泣き出して
うぎゃー
うぎゃー
うぎゃー
全然 泣きやまな くって
息子が 聞こえないと 診断されて すぐの頃——
なだめたいけど 話しかけても この子には 聞こえないし
手話は本を 少し見ただけで 使えるほど 知らなくて
途方にくれて いたときに——
うぎゃー
トコ
トコ
えっと…
どうした のって…
「どうしたの？」
「おなかが すいたの？ 飽きちゃった？」
手話…？

そこから
ロンくんと
いろいろ
お話をして
ろうの
お母さんを
紹介して
もらってね

キャッ
キャッ
そのお母さんが
息子に話すのを
見て気づいたの
聞こえる人が
話しているのと
同じだなって
ことばが
手話だって
ことだけで
そこから
手話を
始めたん
ですか？
そうだね

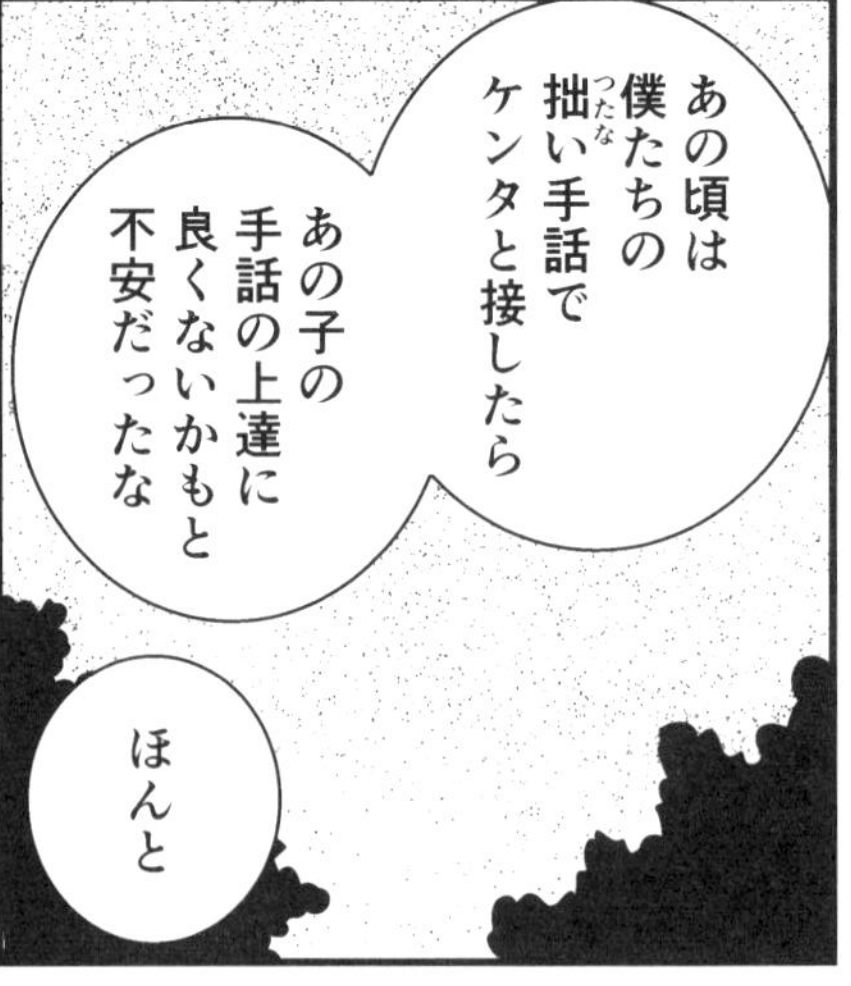
あの頃は
僕たちの
拙い手話で
ケンタと接したら
あの子の
手話の上達に
良くないかもと
不安だったな
ほんと

だから
手話の動画を
たくさん
見せたり

ろう者に
会う機会も
多く作る
ようにして
ろうコミュニティの
人たちには
たくさん
教えてもらったね

手話しながら
指さしをしたり、
短い文で
わかりやすく
するようにとか
話しかけることが
大切だから
手話が
間違っていても
いいとかね
こ～んなに？

ろう者の手話は
「目でわかる」
手話で
目を使った
関わりかたが
上手くて
羨ましかったな

少しでも
まねしたくて
オーバーなくらいの
表情をつけたり
してね
はじめは
どうやったら
いいか分からな
かったなー

「お母さん
お父さん
おっきな
甘夏みかんが
あったよー」
「ほんとだ」
「大きいねー」

「いま食べても
いい？」
「家で食べようよ」

仲のいい
家族だったね

ケンタくんは
お話好きだねー
うん
楽しそう
だった

手話での
絵本語りも
家でやっていて
字も覚えて
きたんだって
ことばが
育って
いるんだね

聴者の文化と
ろう者の文化
ふたつの文化も
わかるように
なるのかな？
そうだね
聴者の世界と
ろう者の世界を
行き来しながら
大きくなって
いくんだよ

そっか
手話で
生きても
聞こえる親との
世界から
いなくなるわけじゃ
ないんだよね
そういえば
ご両親が
言ってたっけ

「私たちは手話で
息子との
心のつながりが
強くなったな」

ろう児のほとんど（9割程度）は、聴者の親の元に生まれてくると言われています。赤ちゃんの耳が聞こえていないとわかったとき、たいていの親御さんは手話やろう文化について知らないことがほとんどです。
一体どうすればよいのでしょうか。

まず知っていただきたいことは、ろうの子どもは「**目で見る子ども**」であることです。目で見ることば、つまり日本手話やアメリカ手話などろうコミュニティのことばである「**手話言語**」があれば、他の子どもと同じようにいろいろなことを理解する力、自分でものを考える力、考えたことを人に伝える力を伸ばしていくことができます。

生まれたときから日本手話に触れて育つ**デフファミリー**では、ろうの赤ちゃんは、聴の赤ちゃんと同じタイミングで「**手の喃語**（なんご）」を使うようになります。

喃語（なんご）とは生後7～10か月ぐらいの聴こえる子どもが出す「バーバー」「アー」のような意味のない音のことです。
喃語には、その子がこれから話すようになることばの基本的な音が含まれています。
赤ちゃんが発音の「自主練」をしているような感じです。

喃語の時期を過ぎるとまもなく、子どもは単語を使い始めます。

アメリカで行われた研究によると、デフファミリーのろうの赤ちゃんは、聴こえる赤ちゃんと同じ時期に、アメリカ手話で使われる手の形を何度も繰り返す「手の喃語」を使うようになるそうです。

喃語の時期から間もなく手話単語を表すようになる流れも、聴こえる子どもと同じです。

ですから、赤ちゃんは話せるようになるずっと前から、ことばに触れることがとても大切なのです。

自分の手話は下手だからと気にすることはありません。

どんどん手話で話しかけて、そしてろうの大人にも相談してみてください。

＊　＊　＊　＊

「目で見る子ども」に手話で話しかけるときに、大切なことをまとめました。

●手招きで子どもの注意をひいてから話す

●子どもの目を見て話す

●話題になっているものを指さしたり、直接手を触れたりしながら話す

●CL表現をたくさん使う

●顔と手の動きをゆっくり、大きくする

お子さんが何か手話で言える年齢になったら、言ったことへの反応をはっきりと返してあげてください。

手話の文でなくても、顔の表情でもジェスチャーでもかまいません。手話で話しかけたら、大人から反応が返ってくるコミュニケーションの楽しさを体験することが大切です。

もう少しお子さんが大きくなってきたら、**手話での絵本語り**をやってみてください。お子さんが日本手話での絵本語りに触れるメリットは、たくさんあります。

●自然に手話表現を覚えられる

●文字が読める年齢になれば、日本語と日本手話の違いに気づく

●思考力や判断力が身につき、知識が豊富になる

絵本語りをするときのコツを、ろうの語り手に聞いてみました。

●事前に日本手話の文を考えておく（日本語の直訳にならないように注意する）
●子どもがどこを見ているかに注意する
●手話表現がわからないときは、絵を指さしたりジェスチャーで表現する

4章で紹介した「しゅわ絵ほん」などの絵本手話語りのDVDをお子さんに見せてあげるとよいでしょう。

明晴学園のプレスクール「めだか」のホームページでも子ども向けの手話動画がいろいろ配信されています（巻末に情報があります）。


「ことば」は、ものを理解するため、ものを考えるためにとても大切です。

会話をするだけではなく、ものを数えたり記憶をとどめたりするときにも、十分な言語発達が必要であることは、いろいろな研究で明らかになっています。

できるだけ早く、ろうのお子さんが日本手話に触れる機会を持たせてあげましょう。

ろうコミュニティとろう者のロールモデル

ろう者の大多数は聴者の親の元に生まれてくると言われています。

その場合、家族の中でたった一人の聞こえない人になることが多いのです。

聴の子どもと一緒に学校に通い、他のろう者に出会う機会がないまま大人になったろう者の中には「ろう者は大人になったら死んでしまうに違いない」と思っていた人もいるそうです。

自分一人がろう者という環境では、聴者の文化に合わせること、日本語を使うことが当たり前のことになります。

それが自然にできるようになる人もいます。

しかし、日本語は「目で見ることば」ではないですし、聴者の文化は聞こえる人の文化です。

例えば、相手の背後から話しかけることや、他の人の話がたまたま耳に入って、そのまま会話に参加することは聴者にはよくありますよね。

でもそれは、「目で見る子ども」にとっては、困ってしまう文化です。

そんな困りごとの多い日常生活が続くうちに「ろう者は不自由」「聴者に頼らないとやっていけない」と思ってしまうのは、不思議なことではないでしょう。

でも、本当にそうなのでしょうか？

聴者の文化とは別に、ろう者には、目で見る生活に根ざした**「ろう文化」**があります。ろう文化を知り、ろう仲間との交流を通して**「ろうアイデンティティ」**が育っていきます。

ろう者としてのアイデンティティを持ち「目で見る文化」と聴者の文化が違うことをよくわかっていれば……

聴者の世界でうまくいかないことがあっても「聞こえない自分が悪いんだ」「自分が非常識なんだ」と自分を責めたり無力感に打ちひしがれるのではなく、それとは違うものの見方があることに気づきやすくなります。

日本手話という「目で見ることば」で自由にものを考え、意見を交換しながら、ろう者・聴者の仲間と趣味や仕事を楽しんでいるろう者はたくさんいます。

ろう者が専門知識や技術を使ってさまざまな職種で働ける場所も増えました。

そして、ろうコミュニティの結びつきはとても強いのです。

海外でもお互いがろう者だとわかれば、使っている手話が違ってもすぐに意気投合して一緒に食事をしたり、帰国後も親しい付き合いが続いたりすることも珍しくありません。

ろうコミュニティは、聴者とのコミュニケーションに困ったときどう切り抜けるかという知恵など大事な情報を交換したり、社会にいろいろな考えを持つろう者がいることを知ることができる場所です。

ろうコミュニティは**ロールモデル**に出会える場でもあります。
ロールモデルとは、子どもや若い人が「自分もこうなりたい」と思える人のことです。他の人と交流しながらも精神的に自立しているろう者のロールモデルに出会うことは、ろうの子どもにとっても、ろう者に会ったことがない聴者の保護者にとっても、とても大切なことです。

聞こえないのは自分一人ではない、ろう者の仲間がたくさんいると早い時期から知ることは、お子さんの大きな安心感と自信、聴者の家族への信頼につながります。

海外では、ろう児の心の発達にろうの成人ロールモデルが大きな役割を果たすことが知られています。

ろう児がいる聴者の家庭に、定期的にろう者のサポーターを派遣する事業が行われている国もあります。

日本では、児童発達支援事業所・明晴プレスクール「めだか」がろう児とご家族への支援を行っています。

第2部

ろうコミュニティと手話

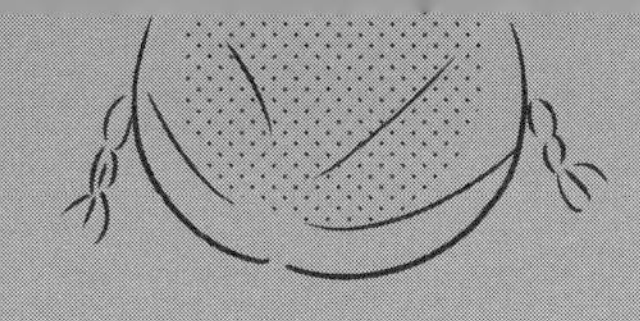

SHUWA TALK!

その6

手話はいつどこで誰が作ったの？

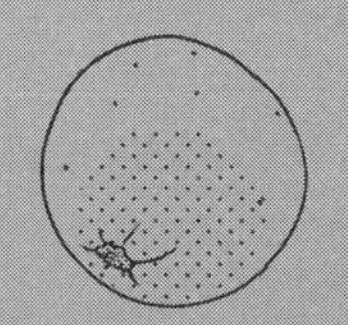

ロンくん
ん？
いまね、
思ったん
だけど

手話って
世界共通だったら
便利じゃない？

えー、でも
ミミちゃん
もし世界の
ことばが
共通になって
日本語が
なくなったら
寂しくない？

えっ
それは
むりだよー！

日本語でしか
言えないことが
あるもん
「わびさび」とか
「旨味（うまみ）」とか…
手話も同じ
なんだよ
ミミちゃん
シブイね

みんなが集まって生活する場所で
使われながら広がって行くんだ

あ

いま思い出したんだけど
中米
ニカラグア
ニカラグアにはね、長いあいだろう学校がなくて
ろう児は家でホームサインを使って生活していたんだ

ホームサイン?
ジェスチャーをたくさん使うんだよ

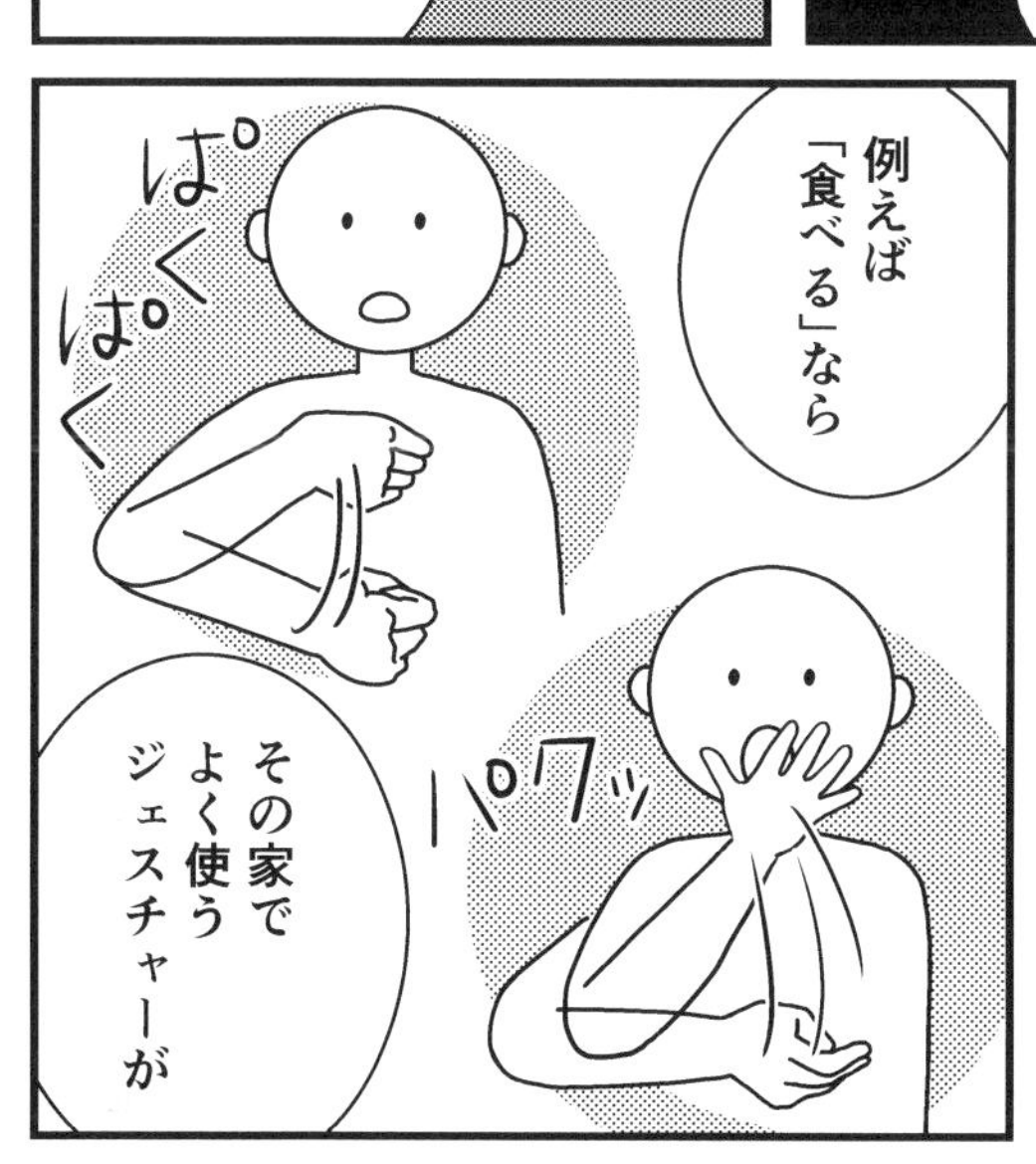
例えば「食べる」なら
ぱくぱく
パクッ
その家でよく使うジェスチャーが

その家の「食べる」のホームサインになるんだ
「食べる?」
「うん」

ニカラグアにろう学校ができたとき
ろうの子供たちは最初
自分の家のホームサインやジェスチャーを使っていたんだけど

そのうち共通の文法ができて
ニカラグア手話っていうことばに変わっていったんだ

それって…ことばの進化みたい
言いすぎ…?

本当に
そうだよね
え？
進化でいいの？
みんなが集まって
生活する場所が
あったから
進化できたんだよ

……そっか
ことばって
そういう場所――

コミュニティが
必要なんだね
うん

コミュニティって
土と太陽と
水みたい
そこで
ことばって花が
どんどん
育っていくの
そうだね
いろんな花が
いろんな場所で
咲いていると
嬉しいよね

日本手話は誰が作ったのでしょう？いつ？どこで？

その質問の答えは誰にもわかりません。

ことばは、人の集まり、つまりコミュニティで自然に生まれて自然に育ち、そして時とともに変わり続けます。

どのことばでも事情は同じで、日本語の起源も実ははっきりとはわかっていません。

手話には文字がありませんので、動画が存在しなかった時代の記録を調べることは簡単なことではありません。

日本手話についての一番古い記録は、１８７８年に創立した京都盲啞（もうあ）院のものです。

創立時の31人のろうの子どもたちが使っていた手話を教員が覚えて、その手話で指導をしていたそうです。

創立年から数えると、日本手話には１４０年以上の歴史があるということになりますね。

日本語対応手話は、１９６０年代に聴者の手話学習者が急に増えたことで、聴者とろう者に情報が早く行きわたるという理由で広まったものと、ろう学校での日本語指導のために作られたものがあると言われています。

日本では、手話ではなく日本語を使うろう教育が盛んになり、日本手話は日本語対応手話と入れ替わっていずれなくなってしまうだろうという意見がありました。

そういう意見は今でも残っています。

でも日本手話はずっと、ろうコミュニティのことばとして使われています。日本手話でニュースを伝えるテレビ番組や、ネイティブサイナーの先生と日本手話を勉強するテレビ番組など、一般の人が日本手話に触れる機会は前よりも増えています。幼少時から日本手話で質の高い教育がうけられる、明晴学園のようなろう学校もあります。

日本手話の未来を心配しているろう者や聴者はたくさんいるのに、どうして日本手話はなくなっていないのでしょうか？

それは、日本手話が「目で見る人」に一番合った形になっていて、新しい知識を勉強したり教えたり、意見や気持ちを他の人と分かち合うときに一番使いやすいことばだからです。

日本手話のような「**目で見ることば**」は、どのようにして生まれるのでしょうか？

最近の研究では「**ホームサイン**」が手話の原形ではないかと考えられています。

手話ができない聴者の親を持つろう児が、家族とコミュニケーションをとるために使う、その家独自のジェスチャーを「ホームサイン」といいます。

ホームサインは最低限のコミュニケーションをとるためのもので、言語というよりジェスチャーに近いものです。

表現や使い方はそれぞれの家庭で違います。


このホームサインが、ろう者のコミュニティの中で少しずつ、複雑な文法を備えた手話という言語に変わっていくということが、ニカラグアという国で起こりました。


ニカラグアはメキシコとコロンビアの間にある中米の国です。

この国ではろう教育がとても遅れてしまい、１９７０年代になってから、初めてのろう学校ができました。

そこに集まってきたのは、学校に入るまではそれぞれのホームサインを使ってコミュニケーションをとっていたろうの子どもたちです。

学校の先生たちは聴者で、スペイン語を話していました。ろう教育の研修を受けたこともなく、手話の知識もありませんでした。

つまり、この学校ができたときには、共通のことばはどこにもなかったのです。

しかし、先生たちは子どもたちがホームサインを使うことを禁止しませんでした。このことが、ニカラグア手話が生まれるきっかけになったのです。

学校ができてから毎年、ろうの新入生が入学するようになり、それとともに子どもたちのコミュニケーション方法がどんどん変わっていきました。

それぞれが持ち寄ったホームサインのうち、使いやすくわかりやすいものが残り、それがさらに使いやすい表現に変化していきました。

手を動かす空間の使い方に決まりが生まれ、CL表現やRSも、少しずつ増えていきました。

その後、アメリカから手話言語学や人類学などの専門家がニカラグアに招かれ、1980年代からさまざまな研究が始まりました。

代々の生徒たちが入れ替わっていく中で、ニカラグア手話の文法がどんどん発展していく様子が、いろいろな研究で明らかになっています。

ニカラグア手話の物語は、ろう者が集まり、話し合うコミュニティから自然に「ことば」が生まれるということを私たちに伝えてくれます。

日本語と似ているようで違う手話

日本手話と日本語は違うことばですから翻訳が必要になります。

手話に限ったことではありませんが、たまに「翻訳ミス」で意味が誤解されたまま、一般の人に使われるようになることもあります。

例えば、英語のmansion（マンション）は、セレブが住んでいるようなゴージャスでファビュラスな邸宅のことですが、日本語の「マンション」は、そうでもないといいますか…小さくて狭くてイマイチな「マンション」もたくさんありますよね。

同じような日本手話の翻訳ミスといえば、／まし／が有名です。

手話を習っている読者の皆さん、ろう者の先生や友達に／あなた　手話　まし／と言われて「そんなあ〜…手話の勉強がんばってるのに、ましだなんてひどい…」とガッカリしたことはありませんか？

それ、実はかなりいい感じのほめ言葉ですよ！

日本語訳をつけるとすれば「結構手話うまいじゃない！」に近いです。

日本語の「まし」は「何もないよりはいいけど、あまり良いとは思わない」という、かなりネガティブ寄りの、どっちかというと失礼な表現ですよね。

それとは全然違って、日本手話の／まし／という表現の正確な訳は「かなりいい」「相当良い」に近いです。

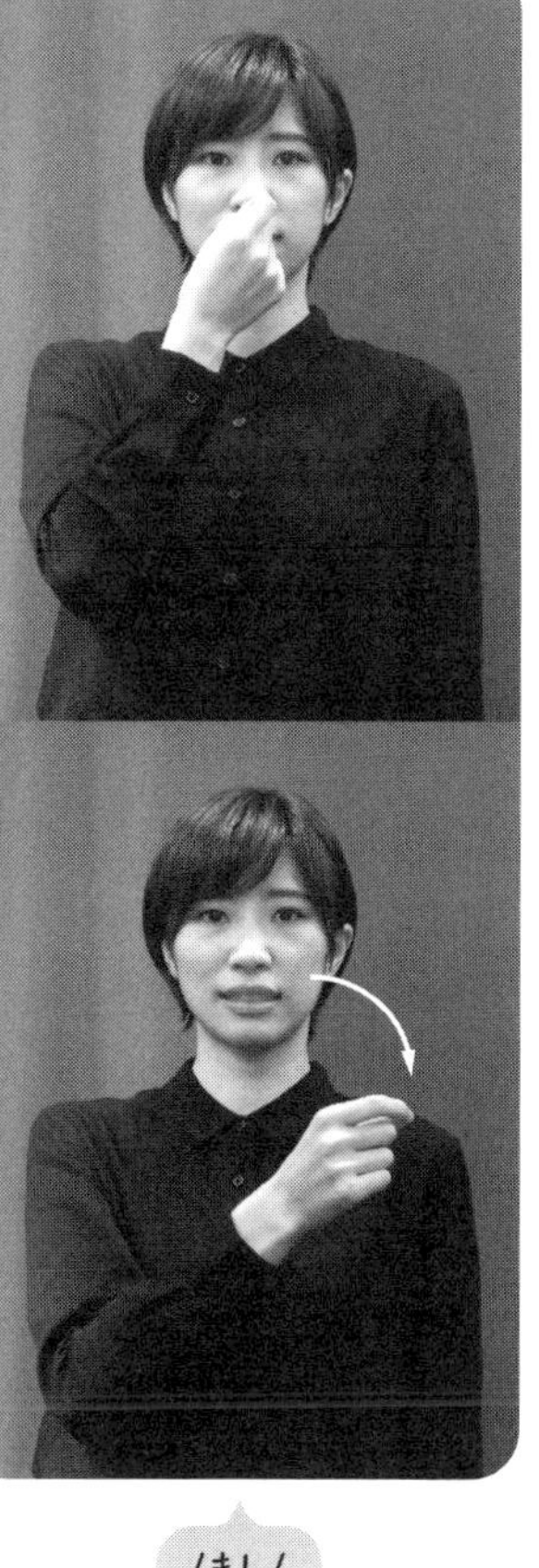

／まし／

どこかの誰かがこの手話表現をうまく日本語に訳せなかったために、今もろう者と聴者の間にちょっとガッカリな、でもお互い気がつきにくい心のすれ違いが起こっているわけです。

＊　＊　＊　＊　＊

他にも、日本手話には、日本語とは違う／頭／の使い方があります。／頭壊れる／という表現の使い方を見てみましょう。

／頭壊れる／

／私　英語　ムリ　20点　キマリ　100点　頭壊れる／

私は英語のテストで１００点とって…頭がおかしくなっちゃった？

違います。

この手話文の訳は「私は英語できないから（テストは）どうせ20点と思っていたら、まさかの１００点、ウソでしょ!?」です。

つまり、ここでの／頭／は、「頭の中のイメージ」のことを言っているのですね。

（同じような表現に／頭　半分／もあります。）

こういう表現もたくさんあるので、他の外国語と同じように、**日本語の感覚は一旦わきに置いて**、ろう者のことばと文化をゼロから発見していくつもりで、楽しく手話の学習を進めていきましょう。

SHUWA TALK!

その7

ところ変われば、年が違えば

ヒュウ
ゥ・・

最近寒くなってきたね
ぼく、おじいちゃんにとっくりのセーターを送ろうかな

……とっくりのセーター…?
お酒のむやつ?

あぁごめんっ
タートルネックのことだよ!
おじいちゃんがいつもとっくりって呼んでたから…

へ〜いまと呼び方が違ったんだね
そういえばこのまえさ

おもしろい手話表現を習ったんだ
え?なになに?

オーバー
日本語と似てるけど使い方がちょっと違うって教わったよ

僕もよく使う！
すごく感動したときや
うわ～やっちゃったってときとか

使う人は多いの？
オーバー！
オーバー！
いろいろな年代の人たちが使っているね

でもね「オーバー」が使われ始めたときは
年配の人から「日本手話が乱れてる」って意見もでたらしいよ

それって日本語で新しいことばがでたときも同じかも…
お母さーん このまえググったらさ～
ググ…？なにそれ日本語？

ググる
Google（グーグル）検索をするという意味

そうだ
このまえ
手話教室に
新しい先生が
来たんだけど

その
先生がね――
「私の名前は――」
「あっ」

「いまの手話表現は
関西で使われる
『名前』でした」
「よく使われる
手話表現は
こうですね」

ってことが
あってね
そのあと
クラスの
みんなで
話したら――

「手話って
人によって
違うよね」
「そうそう
混乱する」
――って
何で
同じじゃ
ないのかな
～？

でも
日本語だって
その地方の
ことばが
あるよね
「捨てる」と
「ほる」とかさ…
ポイッ
あー
たしかに!

※東京「捨てる」 大阪「ほる」

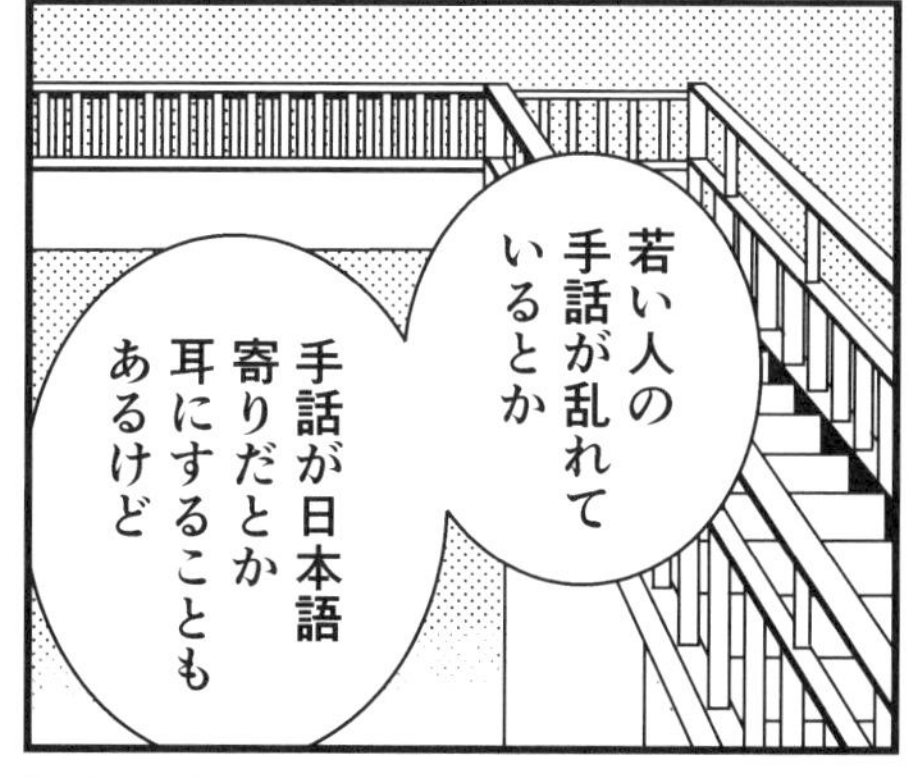
若い人の
手話が乱れて
いるとか
手話が日本語
寄りだとか
耳にすることも
あるけど

日本語だって
「ゲットする」とか
「レアもの」とか
若者ことばが
どんどん出てきて
大人が
びっくり
してるよね

そっか〜
日本手話でも
日本語でも
そういう
ところは
同じなんだね

テレビで見た日本手話の単語が、手話クラスの先生が使っていたのと違うことってありませんか?

先生に聞いても「その表現は使わない」と言われてしまい、どの表現を覚えればいいのかわからなくてしょんぼりしてしまったり…

「手話はバラバラ」だから仕方がないのでしょうか?


でもちょっと待ってください。

日本語だって、地方によって表現が違うことはありますよね。

方言というやつです。


例えば、大阪弁には「新調した・未使用の」という意味の「さら」という表現があります(「さらぴんの」とも言いますね)。

「さらの皿」は「新品の皿」か「洗った後まだ使っていない状態の皿」です。

もし宮城県で日本語を勉強している外国の人がこの表現をテレビで聞いて、近所の人に「さら」を「新しい」という意味で使いますかと聞いてみたとしたら…「その表現は使わない」と答える人がきっと多いでしょうね。

ところ変われば、表現が変わるのはどのことばでも同じです。

日本手話だってそうです。

例えば「水」の手話表現にも地域によっていろいろあります。広く使われている日本手話の表現では、胸のあたりで手を右に動かしますが、栃木の表現では、頬から払うように前に手を動かします。

全国的に使われる表現

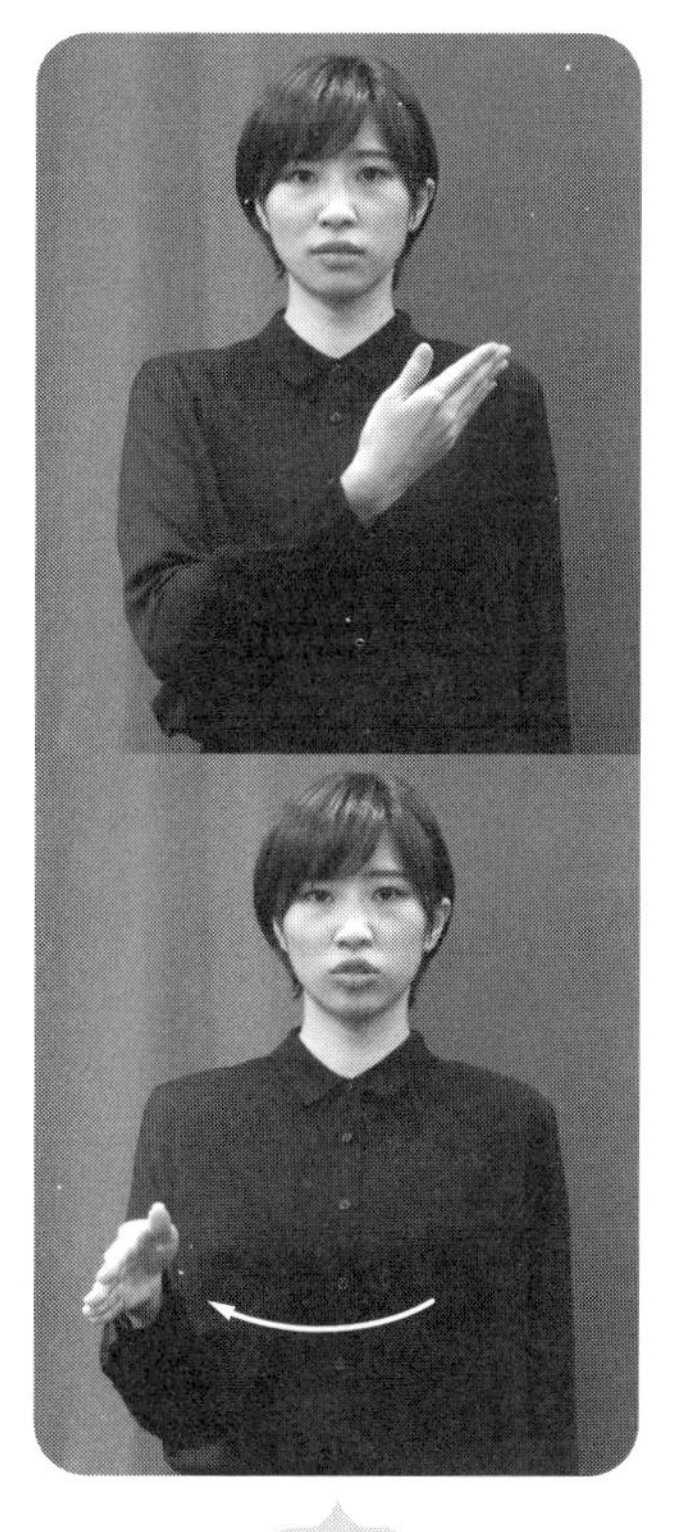

/水/

栃木で使われる表現

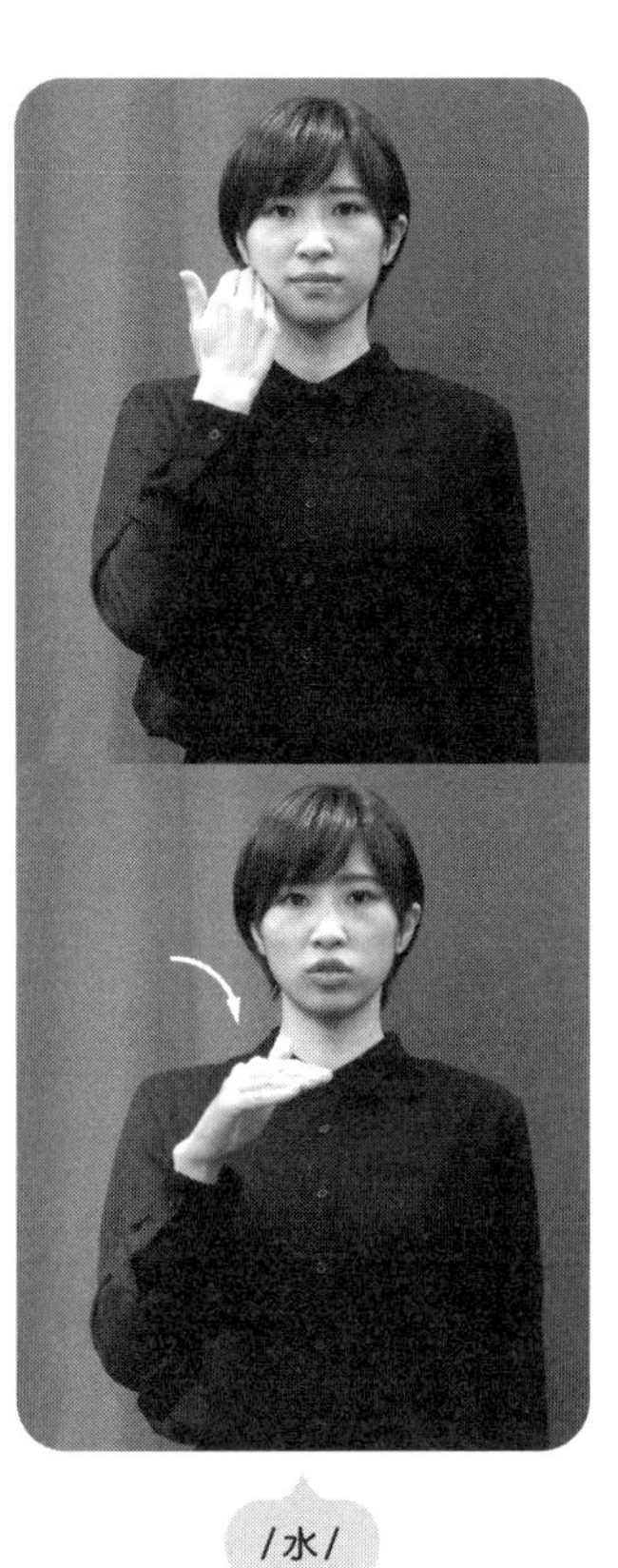

/水/

ものの名前以外にも、「どうして」のような疑問の表現など、地域によって違う表現があります。

ただ、日本語と同じように、NHK手話ニュースなどテレビの影響で、日本手話もだんだん標準化が進んでいます。

＊　＊　＊　＊　＊

では、年齢が変わるとどうでしょうか？

日本語にもいろいろな「**若者言葉**」がありますね。

若者がおかしな日本語を使っているということではなく、どんなことばも、時の流れの中で変わっていくことがあるのです。

例えば平安時代の「いとをかし」の「をかし」には、今の日本語では「心を動かされる」「感動する」に近い意味があります。

いまの若者言葉の「エモい」に近いです。

若者言葉の中には「ナウい」のように死語になってしまったものもあれば、「ら抜きことば（「見れない」「食べれない」）ように、上の世代の人も徐々に使うようになったものもあります。

どの若者言葉が死語になって、どのことばが生き残るかは、言語学者でもわかりません。

コラム3で、ダジャレ手話だった「ヤバい」が、だんだん変化して日本手話の若者言葉になったことを紹介しました。

それよりもう少し前に「オーバー」という日本手話が「若い人の手話」と言われていた時代がありました。

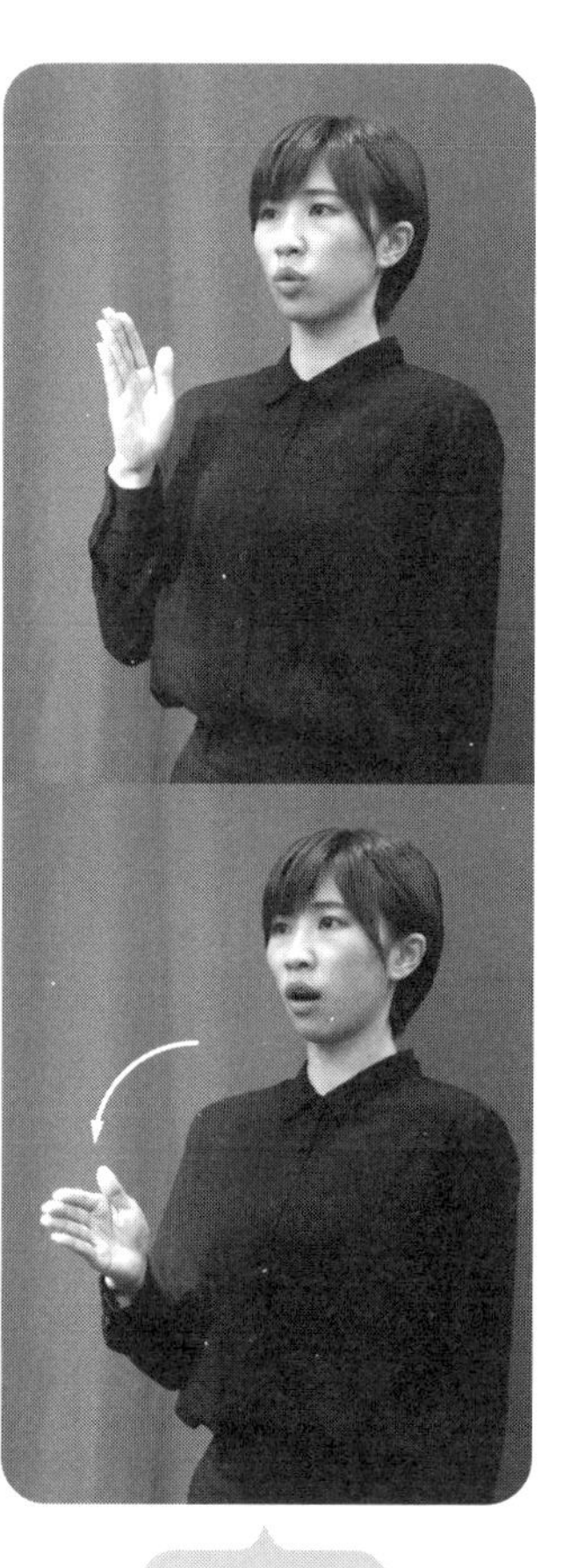

/オーバー/

日本手話の「オーバー」は、日本語と同じ「やりすぎ」「〜すぎる」という意味もありますが、日本語とはかなり違う使い方もあります。

次の例では/オーバー/が「感激、うれしい」という良い意味で使われています。

/プレゼント　もらう　オーバー/（プレゼントもらっちゃった！感激！）

次の文の/私　間違い　オーバー/は、「間違いすぎた」という意味ではありません。

とんでもない間違いをしたという意味で使われています。

/私　間違い　オーバー/（とんでもない間違いをやらかしちゃったよ！）

この日本手話の「オーバー」は、少し前まではろうの若者が使う表現で、年上の世代には「日本手話が乱れている！けしからん！」という意見もあったようです。

（そういうところも日本語と同じですね…。）

もっと下の世代のろう者が使う表現に/攻め/があります。

日本手話の/攻め/はもともとは「怖いけど思い切って川に飛び込む」など「覚悟して」「勇気をもって」という場面で使われる表現です。

日本手話

/攻め/

その使い方ももちろんあるのですが、若いろう者は次のような使い方をしています。

- **/ラーメン　攻め/（超大盛で有名なラーメンを気合を入れて注文する場面）**
- **/廃墟　攻め/（肝試しをやるような廃墟を探検する）**

このように、名詞の後に続けて「攻めの気持ちで臨む」という意味で使っているようです。

この手話表現がろうの若者の日本語にも影響して、SNSの日本語チャットに「攻め～」（「すげー、よくやるねえ」のようなニュアンス）と書いたりすることもあるそうです。

＊　＊　＊　＊　＊

男女差はどうでしょうか。

日本語は男女差の表現が多いです。食べものを食べたときに言う「うまい」は男っぽくて、「おいしい」は男女どちらでも使えますね。

日本手話の「うまい」と「おいしい」にも同じような使い分けがあります。

他に、年代が上の女性が使う表現に「お手洗い」があります。

/お手洗い/

今は男女かかわらず「トイレ」という表現が使われています。

/トイレ/

昔は着物の袖がまくりあがるのがはしたないという理由で、女性には手首より先で表す手話表現が多かったと言われています。

時は流れて、日本手話でも男女差は少しずつ減っているようです。

土地が変われば、年が変われば、時が流れれば…ことばが変わっていくのは、何語でも同じということですね。

＊　＊　＊　＊　＊

外国から来た人が日本語を勉強して、スムーズにコミュニケーションがとれるようになっても、どこか少し発音や表現に外国の雰囲気が感じ取れるときがありますよね。

それはその人の日本語の「個性」です。

その個性が強くて、わかりにくいときには、お互いに「こういう意味?」と確かめあうことができます。

同じように、毎日の生活で日本語を使って生活している人が日本手話を習うと、手話が少し日本語っぽくなってしまうこともよくあります。

心配なときは日本手話を使うろう者にどんどん尋ねてみましょう。

それをきっかけに、面白い発見がいろいろあるかもしれませんよ。

ろう者も聴者も関係ない島の手話・村の手話

ろう者は声で話す言語を聞くことはできません。
でも聴者は手話をおぼえて、ろう者とコミュニケーションをとることができます。じゃあ皆が手話ができれば、誰がろう者か聴者か気にすることなく生活できるんじゃないでしょうか。

できます。ずっと前から、そういうことがもうあるのです。

世界のいろいろな場所の、たまたまろう者がたくさん生まれた地域で、独自の手話が自然に生まれ、その土地のことばになりました。

1985年にノーラ・グロースという人が書いた『みんなが手話で話した島』では、アメリカのボストンの近くにあるマーサズ・ビンヤード島で、かつて島民のみんなが島独自の手話を使っていたことが紹介されています。

ろう者は島のどこでも言葉が通じますから、町の世話人をやったり、いろいろな場所で活躍していました。

聴者の住民も、耳が聞こえないことは、髪の毛や目の色が違うことと同じようなこと、たいしたことではないと感じていたそうです。

しかし、島と外の世界で人の行き来が増えていくにつれて、島の手話はだんだんなくなっていきました。

同じような「島の手話」は、日本にもあります。

鹿児島県の奄美（あまみ）大島の古仁屋（こにや）地域でかつて使われていた手話や、愛媛県大島の宮窪（みやくぼ）町の漁師や周りの人達が使う宮窪手話がそうです。

奄美の手話も宮窪手話も、日本手話の方言ではありません。表現や文法も日本手話とは違っています。

島の手話で、ろう者も聴者も気軽に情報交換ができますから、漁が終わってから集まって一杯やったり、地域の祭りの準備をしたり、協力し合って暮らしていました。

現在、奄美手話や宮窪手話を使う人は減っていますが、その記録を残すためにろうの研究者が頑張っています。

島の手話・村の手話は南米・アフリカ・中東など世界各国で研究されています。

島の手話のように、地域のみんなが使える手話は、だんだんなくなる運命にあるのでしょうか。

そうとは限りません。

インドネシアのバリ島のブンカラ村には、みんなが使える「村の手話」があり、この手話を受け継ぐ子どもたちもいます。

SHUWA TALK!

その8

手話は世界共通じゃないの？

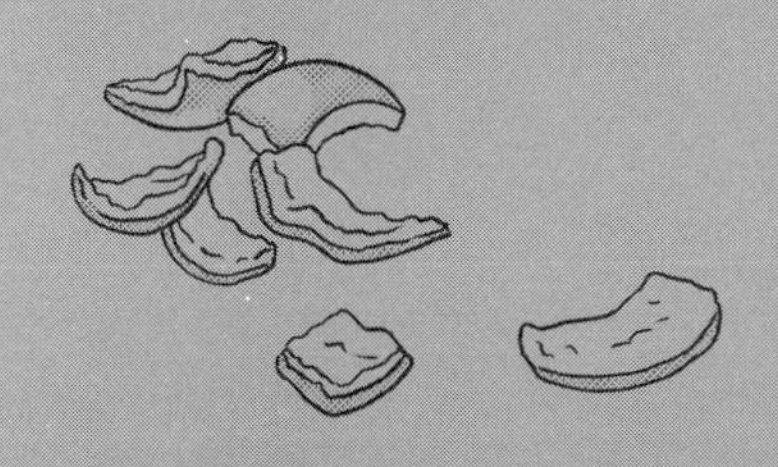

※相手に質問するWH疑問文の場合

へ〜
手だけじゃなくて顔の動きも違うんだ

あっ
ミミちゃん「だれ?」って聞いてる?
えっ?

外国語って感じだね〜

その表現ね、
「なるほど〜」って手話で言ったんだけど…

アメリカ手話では「だれ?」の意味なんだ
へぇ〜
アメリカ手話
「だれ?(Who?)」
日本手話
「なるほど」

外国語
どうしで
たまたま
発音が似てる
ことって
あるよね
例えば？

「愛」
アイ
Eye
「そうだ」
ソーダ
Soda
「定期」
テイキ(ット)
Take it

あっ
本当だ！
もぐ…

でも
ちょっと
不思議だな
手話って
見たとおりの
表現も多いから
みんな
同じになっても
おかしくない
気がするの
本とかそう
じゃない？
パッ

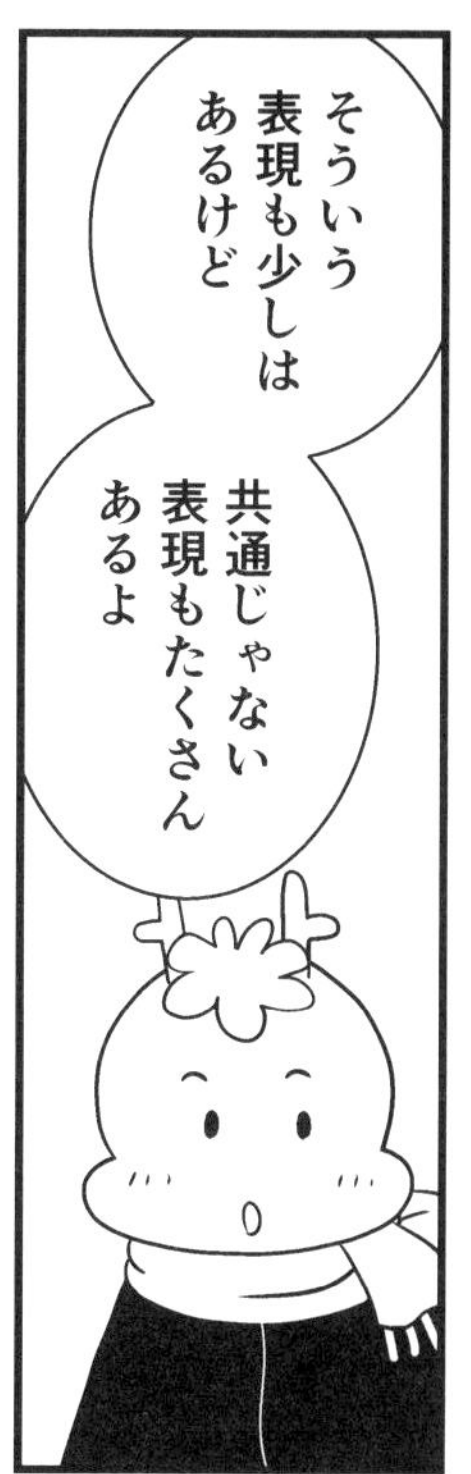
そういう
表現も少しは
あるけど
共通じゃない
表現もたくさん
あるよ

月とか
アメリカ手話
「Moon（ムーン）」
日本手話
「月」
うさぎとか
アメリカ手話
「Rabbit（ラビット）」
日本手話
「うさぎ」

手話の
世界でも
外国語を
勉強する
楽しみが
あるんだねー
そうだね
たくさん覚えて
いろんな国の
ろう者と話して
みたいよね
川を
きれいに

「手話は世界共通」と思っている人は、わりとたくさんいます。

そういう人は、手話は世界共通ではないとわかると「世界共通にすれば便利なのに、どうしてそうしないの？」と不思議に思ってしまうようですね。

その答えは、どうして聴者のことばが世界共通ではないの？という質問への答えと同じです。ことばはそれぞれのコミュニティで自然に生まれるものだからです。


日本語と英語だって全然違うじゃないですか。

小学校や中学校のときから丁寧に指導してもらっても、英語の勉強にはものすごーく時間がかかりますよね。

ことばが世界共通だったら、そんな苦労がなくなるんですよ？

すごく便利じゃないですか？


でも、コミュニティの中で自然に生まれたことばは、どれも世界共通ではありません。

いくら不便だと思っても世界共通に変えることは誰にもできません。

ろう者のことばも同じです。


世界には、２００以上の手話言語があります。

どんなところが似ていて、どんなところが違うのでしょう?

ここでは、日本手話とアメリカ手話を比べてみます。


アメリカ手話は、1817年にコネチカット州ハートフォードに創立されたアメリカろう学校(American School for the Deaf)で生まれたと言われています。

この学校を作ったのは、ヨーロッパでろう教育を学んだアメリカ人のトーマス・ホプキンス・ギャロデットと、フランス人ろう教師のローレン・クラークでした。

クラーク先生はフランス手話を使うろう者でしたので、フランス手話とそれまでアメリカの各地で使われていた手話が混ざり合ってアメリカ手話になっていきました。

ですのでアメリカ手話とフランス手話は少し似ている部分がありますが、アメリカ手話とイギリス手話は全然違う手話です。


手話は目で見て手で表現するのだから、表現は同じようになるのではと思ってしまいそうですが、そんなことはありません。

次の写真で見ても全然違いますね。

日本手話

/花/

/わからない/

アメリカ手話

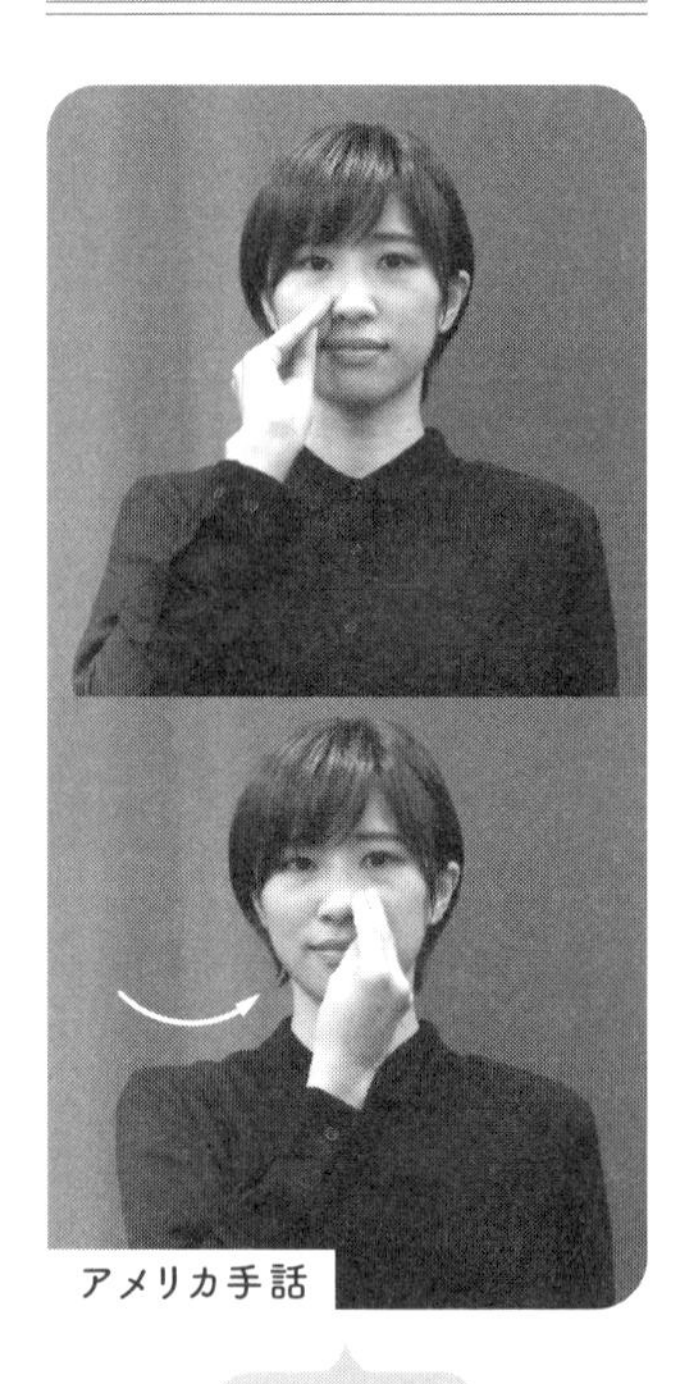

FLOWER

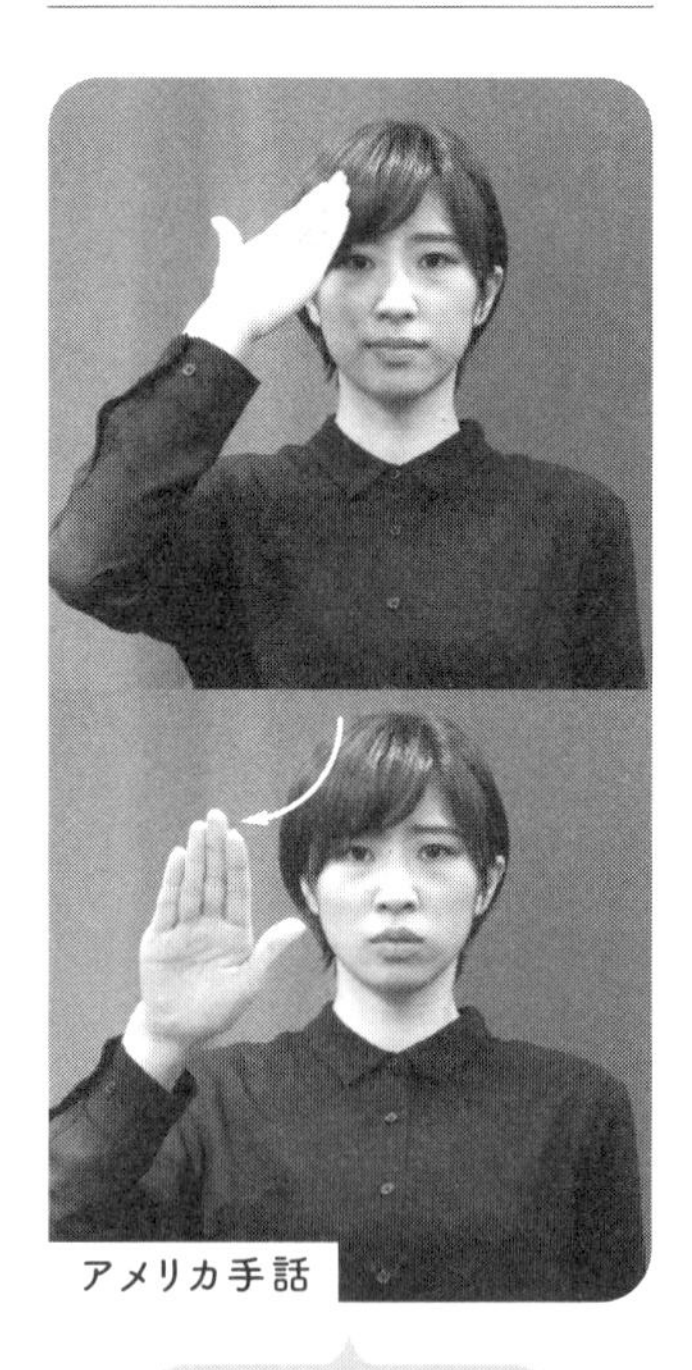

DON'T-KNOW

/どうして/

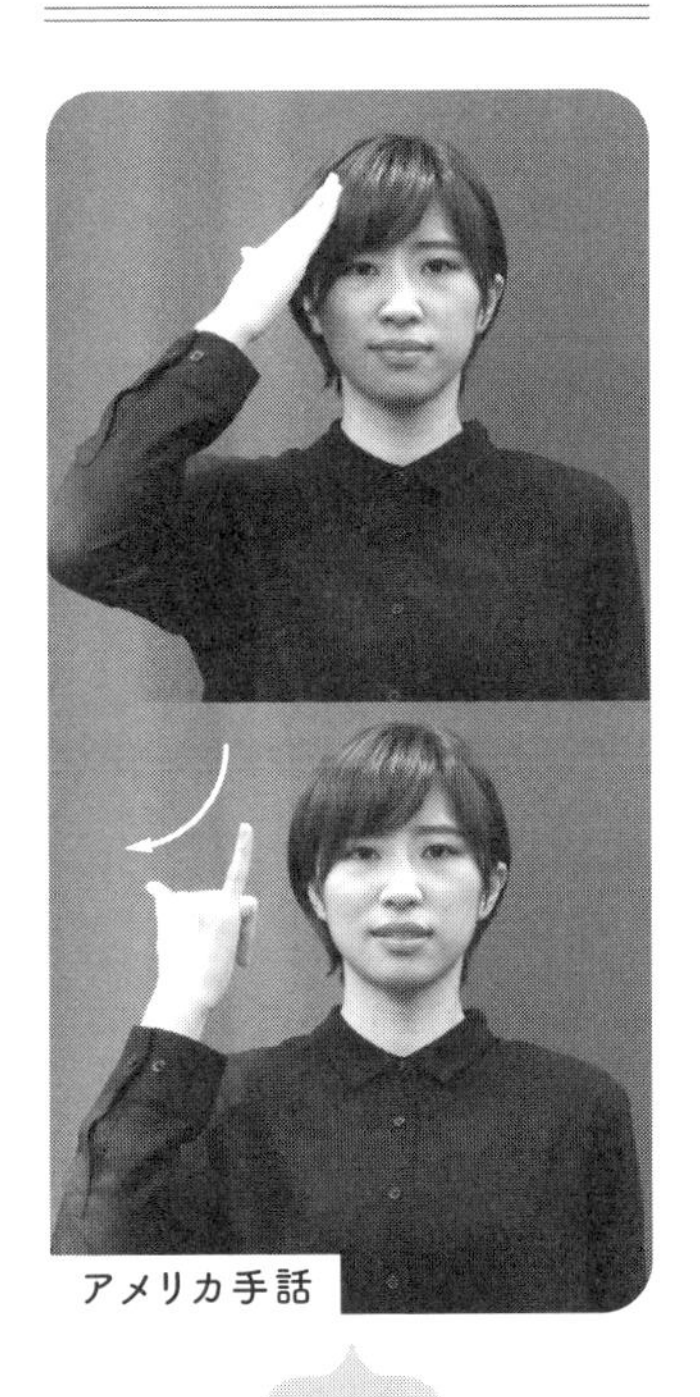

WHY

/新聞/

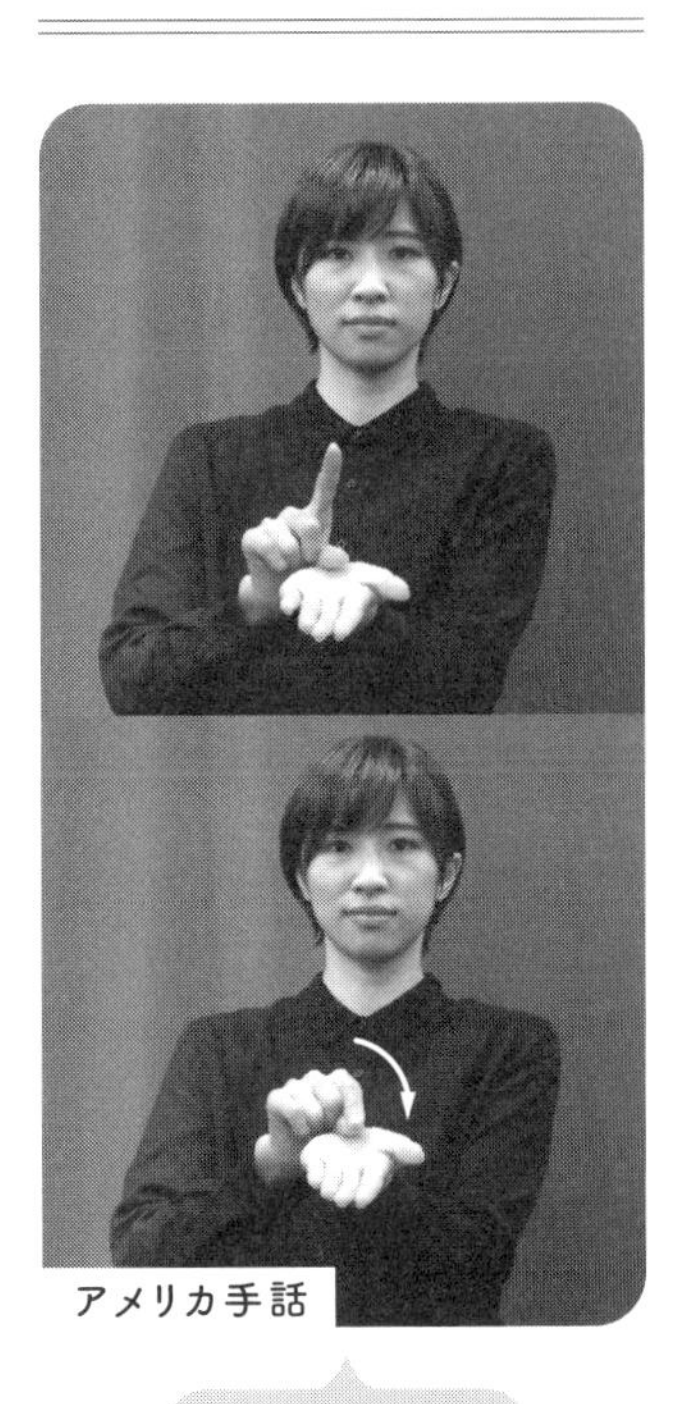

NEWSPAPER

日本手話とアメリカ手話には、他にもいろいろな違いがあります。

◎指文字の使い方も違います。

アメリカ手話では、アルファベットの指文字をよく使います。

「マンゴー」ならM-A-N-G-Oのような感じです。

ものすごいスピードで指文字を表すので、独特の省略法や手の動かし方があります。

日本手話では、野菜や果物は指文字ではなく、手話やCL表現で表すことが多いです。

日本手話にはかなの指文字だけではなく「田」「川」「小」などの漢字の手話があるのも、アメリカ手話と違いますね。

◎どちらの手話にもNM表現はありますが、表現や使い方は少しずつ違っています。
第2章でミミちゃんが苦労していた「どこ?」「何?」などのWH疑問文の首ふりは、アメリカ手話にはありません。

日本手話のWH疑問文では「眉上げ(または眉寄せ)・目の見開き(または細め)・細かい首ふり」がつきますが、アメリカ手話で相手に質問をするためのWH疑問文では、「眉寄せ」が一番大事なNM表現です。

◎CL表現にも違いがあります。

例えば、親指・人さし指・中指を伸ばしたCLは、日本手話では「ビデオカメラ」を表しますが、アメリカ手話では「車や自転車などの乗り物」です。

また、アメリカ手話には「犬・猫・リス・ネズミ」などの小動物を表すCLがありますが、日本手話には小動物専用のCLはありません。

◎ろう文化に関わる表現の違いもあります。

日本手話でもアメリカ手話でも、人と出会ったときには同じ「ろう者のあいさつ」が使えます。

それに加えて、日本手話では「お疲れ様」という表現もあります（日本語の「お疲れ様」と違って、出会ってすぐの挨拶でも使えます）。

アメリカ手話を使う人が日本に来ると日本手話の挨拶（お疲れ様）をよく目にするので「あれも挨拶なのか～…どういう意味だろう？」と興味を持つようです。

乗り物CL（アメリカ手話）

7手型・ビデオカメラCL（日本手話）

アメリカ手話

小動物CL

逆に、アメリカ手話にあって日本手話にない使い方の手話表現はCURIOUS（好奇心がある）というものです。

親指と人さし指で輪を作り、その指先を喉元にあてます。

アメリカ手話では、相手に質問をする前にこの表現をすると「かなり立ち入ったことを聞くけど」という前置きの意味になるそうです。

この表現が出ると、どんな質問が来るんだろう？と聴者の人はドキドキしてしまうそうですよ。

ここまで見てきたように、世界にはいろいろな手話があります。

手話の世界にも「外国語」を学ぶ楽しみがあるということですね！

日本手話

/お疲れ様/

アメリカ手話

CURIOUS

世界のろう者とデフフッド

日本手話を使うろう者には海外旅行が大好きな人が多いです。一人でしょっちゅうどこかの国を訪ねている人もいます。

海外の聴者は、日本人よりもジェスチャーを使ってコミュニケーションをとろうとするので、気持ちが楽なのだそうです。

現地のろう者に出会って仲良くなることも旅の楽しみの一つです。

でも、手話が国によって違うなら、どうやって会話をするんでしょう?

手話は世界共通ではありませんが、NM表現の顔の動き・CL表現・ジェスチャーを組み合わせて、なんとか通じるそうです。

ろう者同士で仲良くなって3日ほど一緒に過ごしているうちに、なんとなくお互いに通じるコミュニケーション方法ができてきて、その後は日常生活にほとんど困らなくなるとか。

聴者の世界では、3日でその展開は難しいのではないでしょうか。人並外れてオープンな性格の「ガハハ系」の人でも、そこまで到達できるかどうかは運次第かも…。

なぜ手話の世界で育ったろう者同士なら、そういうことが簡単にできるのでしょうか？

ろう者は、どこの国でも少数派（マイノリティ）として生活しています。どの国から来たかに関係なく、ろう者であれば誰でも「私もそうだった」と思える体験があります。

ろう学校や地域の学校でどんなことがあったか、聴者との交流で楽しかったことや大変だったこと、ろう文化や手話への気持ち…「目で見る人」たちの体験や感覚に、国籍や人種やことばは関係ありません。

そのような「ろうとしてこの世界にいることから形作られていく感覚や生き方」を、イギリスのろう者パディ・ラッドさんは「**デフフッド**（**Deafhood**）」と呼んでいます。

あるろう者の人に「ろう者同士だったら、その日いきなり会った人と旅行に行ったりすることもあるよ。聴者でそういうことってないよね？」と言われてびっくりしたことがあります。

それもまた、デフフッドで結ばれたつながりなのかもしれませんね。

おわりに

ミミちゃんとロン君との旅はいかがでしたか？

そんなの知らなかった！とか、前からなんとなくわかっていたけど…とか、頭の中でごちゃごちゃだったけどそういうことだったのか！もっと詳しく知りたい！などなど、いろいろな感想があるかもしれません。

いろんな「再」発見や「新」発見を通して、皆さんに手話についてさらに興味を持っていただけたなら、とても嬉しく思います。


この本は、私が手話の研究やろう者の方々との交流を通して「へ～」「そうなんだ」「それはすごい！」と思ったいろいろなことを思い出しながら書きました。

「そうなんだ～」とか「やっぱりそうだったか！」と思ったことがあったなら、皆さんの周りの人たちにもぜひ教えてあげてください。

この本をおススメしてもらえればもちろん嬉しいですし、参考文献リストで紹介した資料やウェブサイトにもたくさんの情報がありますので、ぜひご覧いただければと思います。

そして、もしあなたが聴者や、声を使う難聴者の方なら、手話を使う人たち（ろう者や難聴者）に、手話やジェスチャーで思い切って話しかけてみてください。

日本手話も他の外国語と同じですから、表現がわからなくても話の流れやジェスチャーでなんとかなります。

日本という同じ国の中にも異文化があることを「体感」してみれば、私達が生きている世界の広さがあらためて感じられるのではないかと思います。


この本は、2019年度に執筆することになっていました。

さあこれから…というところで体調を崩して、1年半ほど仕事がほとんどできなくなりました。治るまで何年かかるかわからないと言われて、半年間の研究休暇をとりました。

思っていたより早めに体がよくなってきたところに新型コロナウイルスの感染が拡がり、世の中が思ってもみない状況になってしまいました。

研究休暇は授業や学務の担当がなく、自分のペースで研究に没頭できるはずだったのに、キャンパス閉鎖で研究室にもろくに行けず、先の見通しもたたず、国内外の仕事仲間や友達からのメールの返信もほとんど来ない中、こつこつこの本の原稿を書いていました。

毎日入ってくる暗いニュースを忘れて原稿をただ書くことが、心の支えになっていたように思います。

今回は高野さんと二人三脚の仕事だったので、そのメールのやり取りも、私にとってはわずかに残されたつながりでした。

高野さんには、最初の読者としてのコメントをいただき、また正確な情報をかわいらしい絵でわかりやすく示していただきました。

写真モデルを務めてくださった宮坂七海さんと西脇将伍さん、写真を撮影してくださったジョンヘルウィグさん、原稿をろう者の目でチェックしてくださった川淵一江さん・マーティンデールヘンチさん・矢野羽衣子さん（矢野さんは写真撮影監修もご担当くださいました）、聴者の立場からの読者チェックを担当していただいた坂本真名美さんに心からお礼を申し上げます。

くろしお出版の池上達昭さんには『日本手話で学ぶ手話言語学の基礎』からお世話になっていますが、今回も最初から最後まで変わらぬ熱烈な励ましとサポートをいただきました。ありがとうございました。

この本を作るための調査や研究活動には、主に以下の研究費の支援をうけました。

●平成26～29年度科学研究費補助金基盤研究（B）

「手話言語の文法における『非手指要素』の意味的・統語的性質の研究」

（課題番号26284061）
●平成31～令和4年度科学研究費補助金基盤研究（B）
「手話言語における空間と語順のインターアクション：言語学的特徴とその発達」

（課題番号19H01259）


「科研費」は日本の税金から出ている研究費です。

手話研究へのサポートをいただき本当にありがとうございます。


最後に、皆さんの周りにろう・難聴の「目で見る子ども」がいるなら、その子どもたちに「目で見る文化の世界」を見せてあげてください。

それは、**聴者の世界から子どもたちを切り離すことではありません。**

子ども達は両方の世界を行ったり来たりしながら、国境を越えたデフフッドでつながりながら、自由に生きていくことでしょう。

その子どもたちが生きていく新しい世界で、いつかお目にかかれることを願っています。

2021年8月　日吉にて　松岡　和美

参考文献リスト

その1：「本当の手話」ってどれ？

- 木村晴美『日本手話とろう文化』生活書院　2007年
- 木村晴美『日本手話と日本語対応手話（手指日本語）――間にある「深い谷」』生活書院　2011年
- 松岡和美「はじめに」『日本手話で学ぶ手話言語学の基礎』（7―16ページ）くろしお出版　2015年

その2：手話をやると表情豊かになる？

- 岡典栄・赤堀仁美『日本手話のしくみ』大修館書店　2011年
- 松岡和美「手話の統語」『日本手話で学ぶ手話言語学の基礎』（53―73ページ）くろしお出版　2015年

その3：どうして手話を作ってはいけないの？

- 岡典栄・赤堀仁美『日本手話のしくみ練習帳』大修館書店　2015年
- 松岡和美「手話の音韻」『日本手話で学ぶ手話言語学の基礎』（17―33ページ）くろしお出版

２０１５年

その４：ＣＬ表現を楽しもう

●岡典栄・赤堀仁美『日本手話のしくみ練習帳』大修館書店　２０１５年
●松岡和美「ＣＬ・ＲＳ・手話の創造性」『日本手話で学ぶ手話言語学の基礎』（95―114ページ）くろしお出版　２０１５年
●ＤＶＤ「しゅわ絵ほん」学校法人明晴学園・ダブル・ピー株式会社制作（ダブル・ピーのウェブサイト「つたわるねっと」オンラインショップで購入可能）２０１０年

その５：「目で見る子ども」のことばを育てよう

●斉藤道雄『手話を生きる―少数言語が多数派日本語と出会うところで』みすず書房　２０１６年
●長嶋愛『手話の学校と難聴のディレクター』筑摩書房　２０２１年
●松岡和美「ろう児の手話の発達」『日本手話で学ぶ手話言語学の基礎』（115―136ページ）くろしお出版　２０１５年

その6：手話はいつどこで誰が作ったの？

- 伊藤政雄『歴史の中のろうあ者』近代出版　1998年
- 松岡和美「ろう児の手話の発達」『日本手話で学ぶ手話言語学の基礎』（115－136ページ）くろしお出版　2015年

その7：ところ変われば、年が違えば：手話のバラエティ

- 坂田加代子・矢野一規・米内山明宏『驚きの手話「パ」「ポ」翻訳―翻訳で変わる日本語と手話の関係』星湖社　2008年
- 松岡和美「手話のバリエーション」窪薗晴夫編著『よくわかる言語学』（214－217ページ）ミネルヴァ書房　2019年

その8：手話は世界共通じゃないの？

- キャロル・パッデン、トム・ハンフリーズ（著），森壮也、森亜美（訳）『新版「ろう文化」案内』明石書店　2016年
- Cheri Smith・Ella Mae Lentz and Ken Mikos『Signing Naturally』シリーズ DawnSignPress　2008年

おすすめウェブサイト

- 学校法人明晴学園
  https://www.meiseigakuen.ed.jp
- 児童発達支援事業所　明晴プレスクール「めだか」
  https://www.meiseigakuen.ed.jp/medaka/
- バイリンガル・バイカルチュラルろう教育センター
  https://www.bbed.org
- 手話で楽しむ生きものずかん
  https://shuwa-zukan.com/
- 国立障害者リハビリテーションセンター手話通訳学科YouTubeチャンネル
  https://www.youtube.com/channel/ からチャンネル検索

●ギャロデット大学「目で見る言語・目で見る学び」（英語サイト）
https://vl2.gallaudet.edu/about/overview/

●日本ＡＳＬ協会
https://www.npojass.org

◎日本手話を学びたい人のための情報

●ＮＨＫ Ｅテレ「みんなの手話」
https://www.nhk.or.jp/heart-net/syuwa/index.html

●サインアイオー（オンライン手話教室）
https://signs.io

●NPO法人手話教師センター
https://www.jsltc.org

●手話寺子屋
https://www.wp1.co.jp/perso/

◎日本語対応手話を学びたい人のための情報

●NHK Eテレ「中途失聴者・難聴者のためのワンポイント手話」
https://www4.nhk.or.jp/one-syuwa/

●手話コミュニケーション研究会
http://www2s.biglobe.ne.jp/~kem/SEJ/

［著］松岡和美（まつおかかずみ）

大阪府出身。慶應義塾大学経済学部教授。京都外国語大学英米語学科卒業、筑波大学大学院修了（教育学修士）、コネチカット大学大学院博士課程修了、Ph. D（言語学）。マウントホリヨーク大学日本語客員講師・メンフィス大学外国語・外国文学部助教授（日本語）を経て現職。
著書『日本手話で学ぶ手話言語学の基礎』（くろしお出版 2015 年）。
2018～19 年度 NHKE テレ「みんなの手話」監修。
日本手話 e-learning サービス「サインアイオー」共同監修。

写真モデル：西脇将伍・宮坂七海
写真撮影：John Helwig

わくわく！納得！手話トーク

NDC801.92

初版第 1 刷　2021年 10月 14日
第 3 刷　2023年 1月 26日

著　者　松岡 和美
マンガ　高野 乃子

発行人　岡野 秀夫
発行所　株式会社 くろしお出版
〒102-0084　東京都千代田区二番町4-3
［電話］03-6261-2867　［WEB］www.9640.jp

印刷・製本　シナノ書籍印刷
ブックデザイン　駒井和彬（こまゐ図考室）

Printed in Japan
ISBN978-4-87424-873-7 C0080